DiariodelPoema

DiariodelPoema

Quintín Alonso Méndez

EDICIONES
Aguere

Colección dirigida por: Ánghel Morales García
Directora de arte: Marina Zambrana
Maquetación: Roxana Navarro Medina

DiariodelPoema

Primera edición: 2025
© De la edición: Ediciones Idea, 2025
Ediciones Aguere, 2025
© Del texto: Quintín Alonso Méndez

Ediciones Idea
• San Clemente, 24. Edif. El Pilar.
38002, Santa Cruz de Tenerife.
Tel.: 922 532 150
Fax: 922 286 062

• León y Castillo, 39 - 4º B
35003 Las Palmas de Gran Canaria.
Tel.: 928 373637 - 928 381827
Fax: 928 382196
correo@edicionesidea.com
www.edicionesidea.com

Ediciones Aguere
• Tribulaciones, 23
38001, Santa Cruz de Tenerife.
Tel.: 922 288 724 / 676 863 442
nacioncanaria@hotmail.es

Fotomecánica e impresión: Gráficas Tenerife, S.A.
Impreso en España - Printed in Spain.
ISBN: 978-84-10272-80-4
Depósito Legal: TF 679-2025

*Escrito para ti, coralina
y mágica, aunque no lo leas*

A mi madre, siempre

A punto de saltar sobre la página en blanco acechan
letras que acaso no congenien,
frases tan insistentes
que consumarán la invasión.
[...]
Alegría de escribir.
Poder de eternizar.
Venganza de una mano mortal.

«La alegría de escribir», Wislawa Szymborska,
de Paisaje con grano de arena

¿Por qué al decírtelo se han abierto ventanas bajo la tierra, tantos siglos el latido encerrado en cárcel del miedo? Ahora camino ligero aunque mis pasos se arrastren: liberado, sé de tu existencia. De entre los escombros reaparece el motivo. Buscarte para buscarme y encontrarme. Para así, amándote, amarme. Y como búsqueda amarte

Escribirte que te quiero es un tiempo que se expande con dulzuras inexplicables, es como si estuviera hablando contigo de los pájaros, de la hondura silenciosa del océano, de los murciélagos, del lenguaje de desconocidas dimensiones de las ballenas, de la danza de las abejas y los mirlos, del cosquilleo de las mariposas rozando el polen, de los climas que vaticinan el movimiento del aire, el murmullo de las mareas. Escribirte que te quiero es como si estuviera hablando contigo, aunque el silencio como distancia nos acompañe y solo sea el susurro de los sentidos

Escritura se abre, tiene dolores, tristezas, los pasos doloridos, silencios de cementerios, pero se abre, tiene el latido de saberte. Suavidades exquisitas, venidas de lujurias desconocidas como flores recién descubiertas, con sus aromas de delicadas y nacidas emociones, la envuelven. Escritura se expande abundante de ti, me habita

El otoño, alborotado, se cree primavera

Lánguido y hambriento
el sol asoma
la luz necesita de la piel
tornearla
recorrerla
cada día descubrir su esencia
en el tálamo de la noche

¿Dónde los ensalitrados arañazos en la espalda
que no me has hecho?
¿Dónde las mordeduras que prometen tus ojos,
que duelan y sangren en los labios?
¿Dónde la brisa de tu seda de fuego resbalando
por mi cuerpo?
¿Dónde el cuándo de tus largos y delgados
dedos blancos carnalidad del mármol
indagando por las oscuridades?
¿Dónde lluvia el cuándo simulacro de la
                                    [eternidad?

Por qué en noches así
me inunda el sabor de tu esencia
noches que muestran su latido
se abren,
expanden el sabor de la vida
(si me lees, sabes que hablo de ti)

El presagio es agonía inacabable

Me vengo a mí, a verte,
a contemplarte. Me hablo de ti.
Los pájaros vuelan por debajo del horizonte,
como en niebla pero íntegro
me digo deseo del beso,
de mirarte, del hundirme en lo más adentro,
adonde nadie ha llegado,
contemplar las mariposas
que te vuelan en la mirada
y te descienden en revoloteos
invadiendo costas y arenales,
las abejas que escondes entre los dedos,
donde el polen de los roces carnales,
envuelto en niebla pero íntegro me eleva,
ardiente y silente la brisa,
deseando el beso

La verdad ha sido robada por los cobardes,
asesinos de la libertad

Te llamo en el desvelo
a la sombra del árbol

desnudo como el pájaro
aterido en el frío que me abraza

La excitación del sueño

La luz es fuego,
pureza de lo oscuro

Los cobardes han robado la verdad

(Como todo lo inesperado, se ha producido el
incendio, de las llamas solo se han salvado estas
primeras páginas, protegidas acaso por las vie-
jas tapas del viejo cuaderno, o acaso aventadas
por el viento que se ha levantado en vuelo justo
en el instante antes de la primera llamarada,
avisando a los pájaros. Ahora es tarea de escar-
bar en lugares remotos, en busca de los pocos
poemas que alguna vez volaron y se salvaron de
la quema)

Diez de octubre, de un año veintitrés sin im-
portancia del insignificante siglo veintiuno, día
en que se ha hecho cenizas, mezclándose con la
neblina de la tristeza, el Diario del Poema. Es
tristeza, es una hondura de tristezas oscuras que
no quieren o no saben expresarse. El pensa-
miento se cierra, se niega a abrirse, deja que
caiga la noche y cierre los párpados. El arco
triunfante del otoño al otoño se ha diluido, se ha
hecho aire invisible, ya no existe

Esto apenas he rescatado, estas menudencias aún no cenizas, aún tiras de piel medio chamuscadas, ensangrentadas, con el olor desagradable, ácido, a carne quemada, desparramadas por la costa solitaria, azotadas con el azote desgarrado de un aire frío del noroeste, más solitario el aire que el mismo frío, como si quisiera recordarme que la vida, añejándose, creciendo o envejeciéndose, no es más que eso, pérdidas constantes, interminables desiertos de pérdidas, y las ganancias, ¡ay, las ganancias!, son esas miradas que robas esquivando la muerte. Estiro la mano, quiero tocar el mar, necesito tocarlo, oscuridad fría que ya me pertenece (como el beso al besarte: ya te habías ido. Perdí las lágrimas, se congelaron)

Se hizo historia la leyenda

Lo entendí, no llegar pero casi rozar la
                                    [alquimia
del verso hecho piel de tus carnes

La tristeza es honda, pero solo yo la veo

Tú leerás el delirio del deseo, el latido de la existencia, la razón de ser, el camino interminable. Yo no leeré nada, nunca supe leer

Sentencias, confesiones, son cenizas, ¿y qué no lo es, salvo el presente, que ya se precipita en la hoguera?

Quiero convencerme de que recupero las fuerzas, de que un roce de estrella fugaz me ha rozado, de que sentencias y confesiones revolverán, aunque sea con distintas palabras, pero sé que no, que son tiras de mi ser que se han ido para siempre. Creo que ahora, más menguado, escribo lo que nunca escribí, y que lo que escribí se fue sin haber sido leído, borrado como se va borrando el todo dentro de la memoria

Algunos versos, como raíces del subconsciente, resurgirán de entre las brasas. Pero sobre todo, la mujer salva, es refugio de las palabras que besan el alma

¿Está tan sola la soledad, que no lo dice?

Los patriotas están liberados de impuestos, de condenas y cárceles, de pecados y penitencias. Soy antipatriota

Un año, según la medida del tiempo de los sabios, ha ardido en el diario del poema

Entre un otoño y el siguiente otoño, solo han transcurrido tres estaciones, un invierno solitario como el frío, una esporádica primavera de adolescente verde, un fugaz verano para la eternidad de los recuerdos, incontables poemas en cada partícula de aire, en cada voluta del fuego, versos brotados de mi pensarte, de mi tenerte en sueños. Racimos frutales cargados de ilusiones de verte, aunque siempre llegue entre nieblas, como noticia de la realidad de que el tiempo no espera ni se detiene, la oscuridad de la noche. Pero en la noche te encuentro, son sueños alados y osados con sabor a mar. Son incendios bajo la lluvia, como los que hicieron cenizas los poemas del diario, que se resiste y reniega de los dioses humanos y renace, aunque frágil y débil, para romper cadenas y en desnudez estar contigo mientras la vida me soporte en su hálito

El poeta no tiene días de tiempos,
solo minúsculos espacios de encuentros,
santuarios de desencuentros,
el poema donde habitarse y acompañarse,
un latido ebrio de naturaleza
en cada palabra.
El poeta no pide,
solo reclama la justicia originaria
de todos únicos pero todos iguales,
solo deja que caigan los frutos maduros de los
[árboles,
las lágrimas de los ojos, las sonrisas y los besos
de los labios.
El poeta llora y se arma de flores y pájaros
contra la crueldad esclavizadora de las
[guerras,

contra los silencios cobardes de los sabedores,
solo ríe y se alboroza si las granadas de tu boca,
si los labios de tus regiones, pobladas de
                                    [albores

Después de viejo, me hago joven,
salgo a la calle a encontrarte,
invado los cotos de caza, les quito los alambres,
las armas,
derribo los altos muros inexpugnables
que separan y apresan,
construyo puentes irrompibles de palabras
sobre la voracidad de lo humano,
después de viejo soy lo joven que la infancia
                                    [se llevó,
salgo a la calle,
me apresto a encontrarte.
¿Encontrarte? ¿Dónde? La mujer que te habita
ha dejado tu olor de hembra en el musgo
que baña la costa,
en las honduras del mar, entre las rocas,
donde las algas
y los corales. En la orilla escarbo, en el mar me
                                    [sumerjo.
¿Encontrarte? ¿Dónde? En las armas del
poema, que desarma la mentira
y arma de libertades al sometido, al corazón
                                    [prisionero.
¿Encontrarte? ¿Dónde? En el camino de la
                                    [búsqueda.
Salgo a la calle, atravieso las fronteras
del miedo

Cuando se viene a la vida,
la imaginación es pobre, no alcanza para saber
que se viene a la muerte,
algunos escuálidos y escasos oasis
diseminados por el desierto
mientras la luz se va menguando enrojecida
sobre las tierras secas.
Muchos de esos pocos oasis
están cerca, muy cerca, casi nos rozan,
pero no nos movemos,
nos quedamos en la secura
viendo llover por la ventana,
quietos, paralizados:
con la primera escuela nos inyectaron la
                                    [parálisis,
la cultura de los miedos,
las religiones.
Yo he venido a la vida para quedarme
contigo,
desprovisto de todo,
en el oasis del poema

Ella se fue,
la vi alejarse adentrándose en la niebla
con su paraguas arcoíris,
venía lluvia por la proa del oriente.
El vaho de los latidos desvaneciéndose en la
                                    [bruma
era el eco apagado de las palabras
ahogándose en su propia sangre,

charcas de plata grisácea marcaban la
[distancia
que se alejaba.
Me quedé allí, bajo el aguacero,
deshaciéndome,
como la niebla en las ramas de los oscuros
[árboles.
Ya no volví, me quedé sin mí, en la nada
nebulosa del tiempo

Estoy enamorado,
sentado ante la escritura del paisaje
tomo café, tequila, fumo,
te escribo,
la luna de día sobre el mar,
azur el mar, azul el aire,
desnudas las nubes,
clima de poética lujuria,
paisaje tálamo de los sueños carnales,
dónde el motivo, dónde tus ojos,
dónde tus dunas, tus flores,
dónde la hondura
de tus cimas y abismos con curvas de luna,
dónde el café, el tequila,
fumo,
te escribo

Vestida eres lejana cercanía,
ensoñación que me envuelve,
desnuda invades mis sueños

El sexo es la llamada de la selva

Versos en las cenizas necesitan de tus soplos
[de magia,
de la esencia de tus manos y de tu alma,
de los silencios que guardas íntimos y
[desnudos
y donde desnudo he vertido mis sueños y mis
[ansias,
versos ahogados en la hoguera necesitan de tu
[embrujo
para que resurjan vírgenes del incendio,
salgan a la luz del alba y desplieguen
sus vanidosas alas.
Versos ahora tristes, devorados por las llamas
de la nada,
solo tú puedes salvarlos, darles el hálito del
[latido,
como si me besaras,
como si vinieras a salvarme.
Versos que claman por la vida,
volar libres, con el secreto cómplice de
[compartirnos

Entendí que este es el motivo del diario del
poema, rescatar cenizas del incendio, de la os-
curidad absoluta, de dentro del silencio más os-
curo. Para no perderme, inventar la luz

Caminé la noche. Te pensaba.
¿Pensarte es buscarte?

Vestida desnudez la noche,
palpitaba,
tálamo de cielo y mar
besándose en la orilla,
rocé los labios del salitre.
Te pensaba,
gajo de blanca naranja lunar insinuante.
Me quedé en la noche,
contigo.
Pensarte es encontrarte

Quiero verte donde se pone el sol, en el alba
                              [ensangrentada
en la confluencia de la sed con la lluvia,
del incendio con el agua,
quiero verte en la orilla adonde van los
naufragios y donde la soledad se desnuda,
extendida en el mar luminoso de las tardes
veraniegas quiero verte,
donde dulce el salitre en la dulce ebriedad de
                              [navegarte,
donde en goteo de miel gotea el tiempo,
en la dormida estancia del temblor quiero
                              [verte,
en las azoteas de los abismales vuelos,
en esas alturas entre la yerba,
donde los valles se agitan en palomas verdes
sobre el océano,
donde los latidos tienen la piel del ansia
del querer verte

Los demás versos, perfectos e inmensos, se quedan como cenizas, sosteniendo estos versos ateridos y pobres, ya huérfanos

Madrugada sería espeso silencio
si no fuera porque las olas,
con húmedos susurros,
no dejan de nombrarte,
tiene arena, algas, rocas negras, el susurro, tu
                                        [nombre,
música de mar arrulla los sentidos,
lava de la dulzura habita el aire,
dulce fuego de las calladas pasiones
mientras te escribo;
si no lo hiciera, como húmedos susurros,
                                        [invernales,
sería madrugada de espeso silencio

La silueta del sueño
tiene tu brisa
y tus formas

La realidad de lo cierto no me impide
asomarme al paisaje y enamorado buscarte.
Aun en la más efímera estación del mirarte,
el tiempo se detiene mientras mis deseos te
                                        [desnudan,
¡ah, callado canto de pájaro, vencido rumor de
                                        [las olas!
Apenas parpadeo de alas y se hace vuelo,
tálamo de trémulas penumbras,

herrumbroso rincón mío donde te recorro y te
[escribo,
donde la piel de los versos es tu piel desnuda,
¡ah, susurro de la lluvia resbala,
vencidas vestiduras desnudan el sueño!

Mis pecados me salvan

Surges del aire,
aéreo lugar donde los sueños buscan los
[océanos,
surges del azul más desnudo, más corpóreo,
del aire,
impronta, como ave del agua,
como pájaro del árbol,
libres tus alas, libres tus labios,
surges del aire.
Te apreso en el verso
para mirarte a diario
y a diario preso liberarme
para buscarte en el aire,
donde los sueños buscan los océanos

Como un paisaje dulce de salitre que se mueve
sobre el mar con nubes y gaviotas, con azules can-
tos de pájaros, con sedosidad del aire, con clima
que seduce, donde desnudos los sueños, duele me-
nos el dolor de los silencios. En cualquier época
del año, la soledad tiene frutos al alcance de la
mano. El miedo a la soledad ciega, obstaculiza el

fluir de las sensaciones, autoengaña a los sentidos.
Quiero verte, ¿cómo decírtelo?

La lenta y larga marea tiene sueños de algas
rozando la arena,
como mis dedos por los surcos de las palabras.
En lo que escribo, como tálamo de helechos
y hojas de árbol tierno,
la brisa ensalitrada posa el néctar de tus labios
en mis labios.
Es música de evocaciones o de anhelos
el rumor del mar,
a la escritura se le acercan, de hebras de
sirenas, los acordes de tu voz,
los efluvios de la miel azulada de tus ojos,
aromas de las flores de agua que te florecen en
                                        [la piel.
Hechizo del desearte y tenerte en lo que
                                        [escribo.
La lenta y larga marea, impúdica, entre el
                                        [musgo,
se desnuda en la arena,
ejecuta el ritual de los sueños haciéndose
                                [carnalidad

Es música de evocaciones el rumor del mar

He entrado en intimidades, a oscuras, para
robarlos, rescatarlos. Versos del regreso

Me gustan las palabras de tus silencios.
Tienen el sabor de tus besos.

Porque tus palabras han de saber al sabor
del salitre en los almendros,
en la piel de la uva, en los amaneceres del
                                    [mirlo.
Palabras que quisiera leerte mirándote a los
                                    [ojos,
besando y mordiendo las olas de tus labios,
anuncio de los océanos que quisiera navegarte,
de los cielos por donde desean volar mis deseos
                                    [sin alas.
Busco las palabras de tus silencios
para que el poema tenga tu esencia,
sea tu voz carnal y tu carnal presencia

Nacimos libres y cometimos el grave error de
que también fueran libres los asesinos, los la-
drones, los propagadores de dogmas, leyes y re-
ligiones. Nos quitaron la tierra, nos hicieron sus
prisioneros

Sed de tu mar se expande más allá del
                                    [horizonte,
más hacia dentro, donde la lujuria se esconde
y como enredadera crece
y donde lentamente en temblores te desnuda
con la voz rota, astillada de besos,
sed de tu mar y de tus continentes de arena
bañados por olas de labios
donde se hospeda el opio de la sal.

Sed de océanos se extiende como sube la
                                    [marea
y cuando la marea baja se extiende
por las playas donde temblorosa y desnuda te
                                    [sueño

«Hola» te dicen mis labios,
pero no quieren decirte lo que te dicen
las palabras calladas que se me quedan dentro
y se me quedan ahí, desnudas y frágiles,
temblonas del aire, desarmadas, anacrónicas,
en la indefensa mirada,
para que solo las oigan
desde lo lejos del alba
tu desnuda mirada

Te escribo desde distancia intocada
que desea desvanecerse, acercarse,
ser materia en la materia,
húmedo verso en la humedad de la piel
                                    [húmeda.
Escritura que quiere aprender a posarse,
a caminar las islas de tus océanos,
volar en tus pájaros.
Te escribo desde distancia de nieblas
que desvanece el sueño,
se hace materia en la materia, carnalidad del
                                    [verso.
El poema no duerme,
únicamente espera
a que tú y la lectura
sean el mismo anhelo

Poema de palabras engarzadas
con hebras que la lluvia desprende
del incendiario imaginarte
de mi vieja sed de árbol viejo y seco,
poema ancestral de la primera mirada
que me atravesó las carnes y le dio el hálito a
                              [los sentidos,
poema que no duerme,
únicamente espera
a que tú y el anhelo
sean el mismo verbo

No es mi silencio que no te pienso,
no es cierta la cáscara que envuelve al árbol,
es la piel rugosa de los años sin encontrarte,
a ti, al agua fresca que resbala por la fiebre del
                              [volcán,
de la lava que se abre en flores de fuego y se
                              [expande,
a ti, lluvia que desvanece el paisaje,
tejiendo esas sábanas de la seda de tus labios
                              [en el aire,
no es mi silencio que no te hable, lo hace, te
                              [habla
desde las fosas y las cumbres,
desde los ramajes de los sueños y las caídas al
                              [vacío,
desde las mareas que murmuran y arrullan
como mensajes desabrigados sin tus carnes,
dulcemente astillados en sus costuras,

no es mi silencio que no te hable, lo hace a
                                        [diario,
columpiándose en abismos,
atravesando los límites del cobarde,
yendo adonde tú no estás, para encontrarte.
Me gusta que nunca me digas lo que ibas a
                                        [decirme,
que no recojas las cosas que se me caen al
                                        [suelo,
me gusta la distancia del conocimiento –une
lo que se desconoce–,
la luz que entra por las rendijas de la oscuridad
mientras te miro y no te veo, luz de lo sublime,
me gusta mirarte en tus aquelarres brujos
                                        [ondeando nubes,
tan lejano lo cercano, como el espejo que me
                                        [mira.
Me gusta cuando me das la espalda, tu belleza
                                        [de abeja,
me gusta el entramado del silencio que no me
                                        [encuentra,
que a cada goteo de grano de arena más se
                                        [aleja,
me gustan tus labios enfebrecidos, así tan
frutales cuando bebo el vino,
cuando la soledad es innegociable para seguir
                                        [vivo

Pronto séase la noche,
me traiga a la orilla de este silencio nocturno
tu sabor a mar, el murmullo ebrio
de cómo serían tus besos,

trayéndome la calidez desnuda del aire
tu desnudez de luna, tu carnalidad de agua,
séase la noche pronto, la lúcida penumbra,
que la delicada piel de los sueños reales
me traiga tus playas de arenosos trigales,
y quizás acaso brisa me está trayendo en marea
                                        [larga
murmullos de palabras rotas en las astillas de
                                        [los labios,
tu sabor a mar, el murmullo ebrio
de cómo serían tus besos

Soleada pereza de la tarde, azul vespertino del
                                        [pensarte,
procaz deseo escribirte
lo que mis manos y mi mente no saben o no se
                                        [atreven.
¡Ah, carnosidad del poema, ah, sonoridad
de la voz rota!

El tiempo es celaje que deja a su paso
una estrella ya muerta,
los silencios parpadean eternamente

Hola es decirte gracias, te quiero,
a la manera mía de amar lo bello, lo noble,
lo que se alza ante la caída y la tristeza,
enarbolando las flores de la justicia y la
                                        [quimera,
lo que me trae brisa y emociones,

la estela de luz que se abre y me lleva
por deseo de vida,
por callejuelas empedradas donde es la ola y
[la arena.
Escribirte hola, gracias, te quiero,
a la manera mía de amar la festiva lujuria de
[saberte,
es ponerle labios a la escritura para besarte

Camino con tristeza cierta, costumbrosa, pero
me sonrío, no importa su palidez enferma ante el
asombro diario de este océano que me acompaña
con sus rumores y sus galaxias, con sus óleos irre-
petibles. Mirando en la hondura de este silencio
rumoroso que semeja desierto azul de arena y es-
puma, pienso que los poemas desaparecidos es
porque yo les habré puesto alas, aun no querién-
dolo, para que vuelen, aunque no vuelva a verlos

Han de ser incontables los motivos para que
exista el diario del poema, uno de ellos ha de ser
buscar y apresar en cada instante la esencia del
poema, por eso este diario debería llamarse el
instante del poema, pero obliga el origen en el
cuaderno, desde que tus ojos me miraron

Tus olas negras, esta grandiosidad del ám-
bito. Cómo todos los sentidos se habitan en uni-
verso, cómo te pienso

Un todo de sensaciones de todas las uvas

Se azulejan los azules con cristales de agua,
fluyen de tus ojos, me envuelven en su aura.
Campos de amapolas rojas llamean
en los trigales de tu cuerpo,
me aventuro a imaginarte en las vastas
regiones del poema,
desnudas y descalzas las palabras que te
                              [imaginan,
las sinuosas formas de los carnales sueños
                              [recorriéndote

Esta noche es magia dentro de las noches
noche en que escribo el poema donde tú y yo
                              [estamos
el rumor se hace silencio
marea que detiene el mundo
Venus guiando a las estrellas hacia el borde del
                              [horizonte
humedad del musgo
salitre que besa la orilla
esta noche es magia
donde tú y yo no estamos
noche en que escribo el poema,
como si estuviéramos

Me asomo a la noche,
es noche bruja,
reboso de la marea rebosante de besos,
de frutas goteando,
en alguna parte me nombras
como si existiera el universo

La música es espíritu/la poesía materia
hilos rojos las entrelazan
caminan o vagan errantes por los caminos
en su destino de la búsqueda
invocando la consumación del deseo

No recuerdo el sueño que te soñé
pero te soñé
me lo dice el musgo extendido en la arena
negritud de la lava
metáfora de lo oscuro
me lo dice la lumbre del aire
reflejo en los charcos
del océano de tus ojos.
No recuerdo el sueño que te soñé

Hebras azules de los sueños
cosen a la espuma de las olas los naufragios
de los besos
a la búsqueda del muelle de los labios

Quietud es la humedad que lentamente gotea
de las brumas del espeso aire
embrujando el salitre,
barcos sin mástiles varados en el océano
como anclas de gaviotas.
Camina el tiempo sobre sí mismo,
con sus vértigos y estrellas,
se abunda de lejanías.

Quietud posada indefinida en alas invisibles,
de sueños, de hilos de seda, de naufragios,
detenido espacio donde la lujuria siempre te
                                    [nombra

Fluyen como gotas de lluvia resbalando por
                                    [el cristal
hebras resbaladizas de miel, viendo cómo
la suavidad dulce del atardecer
posándose en un mar que me habla
de tus salobres dulzuras,
de la mística sexualidad de tu mirada desnuda
navegando olas azules,
durmiéndose el mar en un rumor nocturno
de caracolas rumoreando tu voz

Soy lo que queda de mí.
Hermoso ver deslizarse y brincar a la vida
por entre matojos y rosales,
charcos y caracolas,
hablo de ti.
Afortunado,
aún puedo mirar,
hablo de lo que me queda de los sentidos,
aún puedo ver cómo se mece
la dulzura
de las cosas que motivan,
enternecen,
aunque sea débilmente,
como de cercanas lejanías que rumorean,
hablo de ti

Te quiero desnuda
como las frutas del bosque
como las olas
como la brisa al sol
como latido.
Desnuda,
vestida con frágiles pétalos
de los estanques del edén,
con las vestiduras del temblor
de la abierta piel desnuda.
Te quiero desnuda,
ampliada y vertida
en mi desnudez,
en ebriedad de climas, sabores y temblores,
desnuda, luminosamente desnuda,
como luna llena del amanecer sobre
el desnudo océano

Tengo miedo, le digo a mi escritura,
justo el miedo que me alcanza para escribirlo
antes de que la memoria me empiece a
                              [desfallecer.
Será triste no recordarte aunque fuese triste
                              [el recuerdo.
Caerán hojas de las trincheras de las ramas
y no sabré evocarlo.
No me importará el frío, sus garras afiladas
ya están dentro.
No me preguntaré por qué lloro oyendo el
crujir de las olas,

no lo sabré. Miedo de ser eterno y nunca haber
[llegado,
¿por qué no se quedan los besos, las risas,
el sabor de los duraznos? Miedo de no haber
[estado.
Mágico atardecer embrumado, posado como
[una espera,
en que con miedo de olvidarlo te escribo que
[te quiero,
a las afueras del tiempo, donde nadie nos ve,
donde no estamos

El poeta está lejos del poema, en las escabrosas
[afueras,
cree tenerlo posado en sus manos,
pero apenas es roce y ya vuela,
el poeta es náufrago que ve cómo las corrientes
lo alejan de su propia isla,
isla sin rejas, sin pertenencias, vacías las
costas, vacías las manos,
rodeado de pájaros y lagartos, por el océano,
por el rumor del paisaje,
dentro de la isla, inmenso el silencio, inmensa
la estepa interminable,
como uvas cayendo de los racimos de luz, de
[las penumbras,
así los versos se desgranan en palabras, se
[arraigan,
se abren en alas, remontan vuelo hacia la
[infinita nada
si nadie los acoge, los lee, los prende en las
[carnes del alma

El tiempo que dejándolos de nuevo libres
en su viaje inacabable,
el poeta, escarbando torpe y tenaz en el aire,
siempre se queda a solas,
en busca de la isla inexistente, inexplorada

A los que amamos la vida en sus amplios con-
ceptos de vida, innecesario enumerarlos, solo
nos queda la rendija, el asidero, de rebelarnos y
amarnos

La gente cree en lo que no existe,
duda y reniega de lo que hay,
no olvido lo que se me olvida,
se oprime y se exprime
hasta conseguir que el exprimido oprimido
reciba como manjares y reliquias
las migajas que a los generosos amos
se les cae al suelo,
y así ya por siempre fieles lacayos,
servidores de la mezquindad,
no olvido lo que se me olvida,
enaltecida la religión del sometido,
terrorista quien se rebele
y por culpable de todos los males
condenado al exterminio y la esclavitud,
así una y otra vez,
hasta que todos creamos en lo que no existe
y borremos la historia, la terrible verdad

Cómo de calmosa la tarde
como si las uvas del parral no fluyeran por las
[venas,
por los orígenes de la materia la pereza,
desde detrás de los riscos
las hojas de las palmeras mueven la brisa,
¡ah, de pronto el frescor,
así eran las primaveras de mis otoños!
Así te pienso ahora, como si estuvieras,
y juntos estuviéramos leyendo extasiados
el diario del poema, ¡ah, delirios del deseo!,
envueltos en la atmósfera mágica del paisaje,
ebrios de uvas, sabores y olores,
leyendo lo eterno en las líneas del tiempo

Cada cuaderno tiene páginas limitadas,
como hojas de un árbol,
acabado este, quizás se reinicie la escritura
en otro cuaderno,
hasta la frontera del inacabado

La alegría se desborda en un jolgorio cómplice,
rodeada de múltiples inocentes estupideces;
en un rincón, a solas, quizás ebria,
culpable, predestinada al destierro,
la tristeza no tiene con quién hablar.
El diagnóstico es infalible, preciso:
hay que exterminarla: la ordenanza impone
aumentar la dosis de la estupidez,
extirpar –no importa el método–
el terrorismo de la soledad

Las palabras que caen presas en el poema,
en la cárcel libertaria de la página,
son bloques de cantera, son amapolas,
surcos arados con los dientes, margaritas en el
[verde,
riscos rasgando el aire, olas de océanos en los
[desiertos,
armas de la pobreza, veredas azules de materia
invisible entre las estrellas,
entre quien lee y quien escribe está
la distancia de un abismo
que rebosa secretos nunca escritos, nunca
[leídos,
en un encuentro los silencios acercan,
las palabras alejan,
¡no decir nunca la esencia de la palabra,
su origen mineral,
su masa madre, la incorpórea materia
de donde venimos!

Porque acecha el enemigo de las palabras que
[liberan,
busca la pócima mágica para encarcelar
al mundo, enmudecerlo,
¡ah, si pudieran matar el verbo, la invencible
[arma!
Mis palabras saben resistir, vienen del agua,
anclarse en la residencia del poema,
rebelarse contra lo inmundo. Algún día me
leerás aunque no me leas,
descubrirás la fórmula del hechicero para
vencer al poder

Caminan descalzas, empobrecidas aguas secas
por donde era la lluvia en primavera,
camino descalzo por las piedras del destino
y me saludan sonrisas como se saluda
a un banco de piedra de la plaza,
saben que las amo desde mi distancia que se
[aleja
y sonríen porque hay pájaros y cervezas del
[mediodía
y tardes que asemejan eternidades
de calideces, imperecederas,
que también se alejan, a lo más cercano,
por donde se acerca lo que florece con zapatos
[nuevos,
pero yo insisto mientras pueda, camino
[descalzo
por las piedras del destino, y pasan y se
muestran y me miran,
y por un instante las sonrisas me regalan
sus labios, sus miradas vivas,
y con los ojos me dicen eufóricas, ufanas de la
[vida,
aunque muchas veces les duelan las heridas,
que aún hay lluvias de primaveras,
por eso insisto mientras pueda, y camino
descalzo por las piedras
queriendo verlas, recibir la lluvia fresca de sus
[miradas,
sabiendo yo y sabiendo ellas que el tiempo
de mi destino es amarlas

Tarde de pájaros grises en un cielo gris de
                                    [arena,
desierto suspendido en el aire. Sobre las
                                    [griseadas aguas,
las gaviotas grises. Es como nostalgia por verte,
por hacer que la tristeza sea una dulce calma,
que no importe que duelan los dolores que
                                    [vienen de viejo
si tus manos están cerca creando atmósferas
                                    [adolescentes,
casa sabe que te pienso, ronronea arrullos de
                                    [costa,
de ternuras porque estuvieras, te lo escribo,
ausente de gatos y con palabras de
                                    [enredaderas,
la nostalgia me crece a cada día de no verte

Alborotado, se cree verano el invierno

¡Ah, liviandad del cuerpo!, se ponen alas
los ánimos cuando el dolor se adormece

Amarte es el deseo, de cada isla de tu cuerpo,
de cada gota de miel de tu alma,
pensarte y el día ya brilla, la noche parpadea,
sentirte y saberte en cada instante de tiempo,
como polen que habita el aire,
brisa de lluvia en el fuego,
amarte es el deseo de la desnudez íntima
llameando hogueras

Has salvado el diario, cuidando de los versos, no lo sabes y lo sabes, lo has salvado de las cenizas del paso del tiempo

Cuando es día así,
desparramando los sabores
de cada matiz de los colores, como todas las
[frutas
desgajándose en pétalos de tu piel,
latidos así
de todas las respiraciones latiendo en el mismo
[átomo
del íntimo universo,
cuando es día así,
desbordado por la certeza
de la lujuria pariendo versos
como infinitos cuerpos de tu cuerpo,
miradas únicas de tus rostros infinitos en
[infinito éxtasis,
gemido áureo del pensamiento entregado a
[los sentidos,
entiendo de tu existencia. Más allá de que no
[me sepas
más que en los escondidos versos que te
[susurran
en la carnosa desnudez del aire

Está grabado a fuego, en lo más adentro de mí, cada instante, cada roce de tu mirada coralina mirándome. Nada más corpóreo, más material, más brisa para este aire seco abundante de

sed, en mis tiempos de soledades caminando el
camino que va alejándose

Quietos,
mirándonos a los ojos después de las palabras
                                    [deshechas
deshojadas en polen,
palabras rotas que se abrieron en atmósferas
de aromas y sabores
de dimensiones desconocidas,
entre tú y yo se posó un silencio sin tiempos,
un fuego húmedo, un sopor antiguo,
pero una fuerza magnética, de un mundo
ajeno, inexplorado,
nos movió, nos trajo.
Nuestros ojos, nuestras respiraciones, nuestros
latidos, nuestros cuerpos
rozándose,
una fuerza magnética de un mundo ajeno,
inexplorado, nos desnudó,
nos llevó. No estábamos en este mundo

Escaso espacio de tiempo para tanta amplitud
del esférico paisaje,
cada pincelada de color va cosida a su memoria
                                    [de árbol,
olores y sabores extraídos con la lengua de la
                                    [raíz lunar,
los dedos aferrados al cigarro como si fuera la
                                    [vez aquella
de nunca estuviste aquí,

me voy yendo y cada vez más lejos las
disueltas nubes azules del humo,
nunca estuviste en los acantilados de mis
[silencios,
miro la luna y veo el inalcanzable sabor
de tu miel, la textura de tu brisa,
ardiendo las dunas perfectas de tu éxtasis en
[flor,
me acompañas como a una isla el mar

Se me acaba el tiempo y voy a contracorriente,
caminas por la luz y yo buceando en la
[oscuridad,
cruces de madera antigua con flores silvestres
entre las piedras,
chuchangas deslizándose en la espesura de la
[yerba,
destellos verdes y amarillos de pájaros en los
[árboles,
he de atravesar la noche oscura, buscarte en
[la costa,
donde brillen labios de agua, accidentes
de frutas antes de la muerte

Para ti son los poemas más oscuros,
los indescifrables, los que no se pueden leer
porque su letra es negra de carbón
carbonizado sobre un paisaje negro,
tinta de la sangre negra de mi alma, oleosa
como el vino,
como el mar fluyente de la tarde,

lujuriosa como el vino, lujuriosa,
invocándote al sexo con cada palabra,
con cada rasgo sinuoso de cada letra,
con cada rasguño que como dientes el lápiz
rasga el papel
imaginando que escribiéndote en las carnes
los versos más oscuros, poro a poro
                              [saboreándote,
hundiéndome, invocándote a romperle
los límites a la locura,
a liberar los encadenados sueños infieles,
a que seamos la nada oscura que navega por
                              [los poemas,
con incendios de metales dentro de los besos
en cada sexo de tu cuerpo.
Para ti son los poemas más oscuros,
¡ah, oscuro, irremediable deseo!,
los que solo pueden leer y sentir quienes
aman la vida

Como siempre, tiene razón mi madre
–el cielo está que no se ve el cielo–,
le ha regresado su mirada de niña,
extasiada con los rosales, con las formas de las
                              [nubes,
con el vuelo de las gaviotas –va a llover, dice–
y es cierto, el cielo no se ve, de tanta
transparencia de luz,
el sol en su apogeo blanquecino,
mirarla es ver lo que se ha ido,

pero la niña ha regresado para ya no irse
y yo sigo siendo el niño indefenso que nunca
[creció,
sentados los dos en la tarde,
en la proa de la terraza en su dulce deriva

Esta noche ha llovido

Hora en que el búho tiene la mirada del
[acecho,
una herida blanca de luna se hiende curva en
[las nubes
como la hoz en la yerba,
abriéndolas en abismos azules,
pronuncio tu nombre y susurra brisa de bosque
[oscuro,
hondura donde late la raíz del agua,
donde el pulso de la vida se desangra,
hora en que la voz del deseo fluye desde lo más
[adentro,
quiere ser cuerpo en la voz de tu cuerpo,
así se extiende la hora, desbordándose en
[universo,
hora en que la sed aletea como pez en la orilla

¿Adónde puedo llevar mi vida a pastar?,
¿dónde campos de yerba sin verjas?,
¿dónde una huerta que no haya sido
[expropiada?
¿Adónde puedo llevar mi vida a respirar,
donde no sea tierra devastada, carbonizada,
[esclavizada?

La vida tan larga en su pequeñez cuando nada
[acontece,
tan corta, tan corta, cuando se ha vislumbrado
el estallido del fuego en el agua

Si me aíslo, me creo libre y te escribo. Te re-
cuerdo los orígenes. Solo la revolución de amar-
nos y como malas yerbas desechar y extirpar lo
maligno, lo que oprime, puede devolvernos el
destino de vivirnos y crecernos. Hacer de los
templos bibliotecas, lugares de ocio, escuelas,
museos, conservatorios, teatros, encuentros de
música, de literatura, de ciencia, de baile, de
danza, hacer de la naturaleza, sana y libre, nues-
tra hogareña casa. Regresar a las raíces, a la
búsqueda de encontrarnos, de amarnos, de cóm-
plices sentirnos. No importa que no nos encon-
tremos, nos salvará estar, ser, sabernos

La vida te va demonizando,
con los años te hace ángel,
abundantes racimos de edenes en la mente,
marginado ausentándose el cuerpo

Con sus prisas invasoras de riquezas,
la están matando,
vivo en una isla de cemento
rodeada de un mar preso,
expoliado y enfermo,
lleno de escombros

Un cementerio en las afueras, en la colina de los muertos. Tiene altos cipreses de un pálido verde. Tiene las ausencias de mis muertes. Visitarlo es rondar por los silencios, los que más muerden, indefensos pero libres. Donde las flores se marchitan y también mueren, desprendiendo el olor del ocaso que envejece. Los pájaros azules vuelan lejos. Cuando traspaso las verjas abiertas, dejando atrás el cementerio con altos cipreses de un pálido verde que se oscurece, donde solo cabe la tristeza, de regreso con las ausencias de mis muertes, adonde el silencio está preso en el patio de la libertad falsa, me refugio en el refugio de casa y para respirar me apresuro a escribirte. En el diario del poema resucito lo perdido y construyo lo nuestro. Es revolución que no perece

Es como si estuviera despertándome,
vengo de una noche dormida,
de un día solitario de sol enfebrecido,
de un dolor oscuro atravesado en el camino
hiriéndome los pies, las fuerzas.
Despertar es mirarte,
aquí dentro, donde despiertan los sueños

El bosque no quería arder,
retrocedió ante las llamas,
yo iba en dirección contraria,
ardí,
así camino ahora,

en llamas,
ardo en el frío y en el fuego,
en el escalofrío del infierno,
todo me duele, todo me lastima,
hasta la lágrima de resina del pino
que resbala
fundiéndose
con la raíz que la cobija.
Ardiendo en llamas ando
con rumbo fijo hacia la nada,
ando y ardo ensangrentado,
como en recuerdo de niñez antigua
entre la niebla y la humareda,
me conmueve todo lo que florece,
el ponerse en pie siempre
y ardiendo empuñar la palabra,
y aunque ya ardido,
de la lágrima ensangrentada,
carbonizada,
renaceré en pino
y luego seré bosque con árboles,
y con pájaros y con nidos

Poner una fecha es situarla en un infinité-
simo punto del plano de la infinidad del tiempo.
Temporalmente, lo más lejano apenas si fue
ayer

Tristeza es la desolada palabra
ante otra trágica noticia programada,
incendio que devora la vida.

Insaciables,
avanzan en su táctica del terror y el
[exterminio,
nos tienen cada vez más presos, más
[despojados,
nos tienen, nos tienen en sus manos,
esclavos y anulados.
Tristeza es la palabra, la mirada última,
el adiós de la vida mágica

¿Hay una grieta por donde se atisbe la luz?
¿Dónde tu mirada, el prodigio de tu mirada?
(Ven, vida, ven)

«Qué bueno es lo que es malo»,
le exclama el viejo hombre, satisfecho del todo,
a la bonanza, al clima del paisaje,
saboreando con el deleite de un dios, néctar de
[edenes
el trago de ron, el cigarro, los besos del salitre.
La pereza del letargo detiene el tiempo aquí,
en la plaza frente al mar,
fuera de la cárcel, recordando como lejano,
[muy lejano,
lo que es hacia dentro, rejas, camillas,
malignas medicinas incurables,
interminables pasillos de hospitales con sus
[olores opiáceos,
consejos, recomendaciones, facturas,
facturas, tropiezos,
problemas, preocupaciones, miedos, miedos,

mira al horizonte, se deja llevar por las
                              [ensoñaciones,
se sirve otro pisco de ron, enciende otro
                              [cigarro,
exclama deleitándose como un dios
con néctares de edenes,
«qué bueno es lo que es malo», y con el
paisaje brinda por lo eterno

Anoche fue noche donde lo más lejano me
                              [acompañaba,
no quiero que la claridad me venza, enemiga
de la búsqueda,
sentirla fue suficiente, cuando la adolescencia
                              [era verde,
porque los logros humanos son escasos y
                              [limitados,
como por ejemplo un verso que palpe la
                              [esencia
de tu raíz hembra, algo así como la mirada de
                              [la lluvia,
como la música de la marea, de donde viene
el latido primero,
de donde vendrá el último en desprendido
                              [cuerpo,
nadie sabrá nunca del prodigio de lo casual,
del porqué la eternidad es tan breve,
nos encontramos o nos encontraremos allí,
en donde todo es diferente,

a sabiendas de la inconmensurable pequeñez
                              [del encuentro,
de su inabarcable inmensidad

La ermita late ante mis ojos,
protege mis territorios ancestrales.

La aldea se resume aquí.
Sobre las tejas rotas, la luna pulsa los latidos

Las uvas caen en racimos al amanecer,
frescas como delirio de un sueño
remiso a despertarse.
Porque fueron mareas de suavidades en la
                              [noche,
emociones de pájaros de agua
brotando de tus labios.
El sueño siempre termina antes de llegar al
                              [horizonte.
Caen rotundas las uvas, anochece,
oscuras y redondas como lo oscuro.
Ir al sueño es ir en busca de tus besos
entre las ruinas del mundo

¿Caben más tristezas dentro de este dolor
que entorpece y muerde los labios?

Mujer, cómo darte el pan de los versos,
cómo amasar las uvas de la tierra
con la masa madre del mar,

cómo hago, mujer, para enhebrarte
en abalorios de sol
las delicadas hebras azules de luna
mientras va cayendo el anochecer.
Mujer, cómo darte la flecha de luz
para que atravieses la oscuridad
y me regreses a la búsqueda
de lo que no tiene destino,
cómo, mujer, cómo hago
para que tu sonrisa, enjambre de polen,
no deje de rociar las flores
por donde pasean mis ojos.
Mujer, cómo darte el agua de los versos,
los versos del agua,
cómo darle la lluvia a tus besos húmedos
y que como eco me lluevas a cántaros,
que produzcan la siembra de los surcos secos
por donde una vez yo estuve
y desvarié el rumbo.
Mujer, cómo darte el pan de los versos,
cómo darte lo que no tengo,
más que estos poemas pobres de poeta herido,
maltrecho, próximo a lo viejo

Las noticias, ecos de rumores en la costa, me
dicen de tus alas voladoras, y al compás de la
confirmación de los tiempos que como lepra se
me caen de las manos, restándome cuerpo y ma-
tándome sueños, se me desprende la sonrisa de
saberte plena. Como alimento para mis pasos,

necesito seguir trayéndote a los sueños, no irá
más allá la búsqueda de mi camino. ¿Tristeza?

El dolor es inteligente, te avisa. La risa
de la dicha es ciega, torpe, no te avisa

Estoy lejos de la música si ya no pertenezco
[a ella,
alejado de emociones de violines y acordeones
si la emoción de la atmósfera seductora no me
[conmueve.
Pero estaré cerca siempre
porque siempre será música de mar en mi
[entorno,
evocando en miradas ajenas entrelazadas
la lujuria del amor
mientras miro en cortejo el baile sensual de
[los jóvenes
inventado el mundo de nuevo bajo las estrellas
[del verano.
Romántica, la costa es un lago en penumbras
[bajo la luna.
Efímeramente regreso al recuerdo y palpo la
[eternidad.
¡Ábrase el verano, maestra, sea la música,
fiesta de luz,
apaguemos de por todas la maligna oscuridad!,
cerremos la escuela

Te escribo desde la cubierta del barco de la
[noche,
apoyada la espalda en la herrumbre
de sus paredes férreas,
ferrosas y frías, ruinas de cárceles remotas,
fósiles de muelles rotos,
la brisa, en su medida justa, mece al silencio,
venido de hoscos naufragios,
anclado en chapoteos de mar infinito,
salitre me trae a la piel, a los labios, labios de
[tu boca.
Te escribo desde palabras que quieren mirar,
contarte el cuento del marinero sin barca ni
[puerto,
el motivo de por qué las lágrimas pertenecen
[a la sal,
te escribo con la única luz de la astilla
del mástil, viejo como un dios,
flotando en el óleo oscuro que cubre el abismo
de todos los secretos,
el misterio del origen de la soledad.
Alrededor es la nada de las profundidades.
Te escribo con la mirada,
escarbando en los sueños que alguna vez
me trajeron y me llevaron,
mis manos no, mis ojos, mis manos no pueden,
ocupadas en remar hacia tus ojos

Aquí, mientras el dolor me tiene preso, an-
clado en esta quietud espesa, afuera la vida dis-
curre pletórica de luz, se rejuvenece, ¡ah, vida,
no dejes de volar!, aunque no tenga noticias de ti

Las noticias del mundo certifican el adiós al
                                        [futuro,
el adiós a lo que fue el mundo

Ahora, cayendo la tarde en la penumbra,
siento un mucho de amargura, pienso en los poe-
mas que se han ido y no volveré a ver, siento la
culpa de no haberlos sabido proteger (mi de-
sidia, tan vieja como yo), de nada me vale, me
fueron revelados y yo no procuré sus vuelos, no
los resguardé, mi dejancia los ha matado. De
nada me vale prometerles, estén donde estén,
que escarbaré hasta encontrar su esencia y
traerlos aquí de nuevo. La tristeza ya no dejará
de acompañarme por haber perdido –abando-
nado– lo que me ha sido regalado

Soy tenaz porque es lo que tengo, insistir
en la búsqueda, en lo que no encontraré

¿Me disculpo ante el diario? ¿Ante mi falta
de lucha, de creatividad? Parece evidente

Se entrelazan, se enredan en el diario del
poema, el cuerpo hembra del deseo y el dolor
monstruoso ante la visión del mundo, dolor que
solo alivia la suavidad y el deseo de saberte

Diario del poema, poema, brisa, mirada, he-
rida, tristeza, gesto, árbol, dolor, sonrisa, de-

rrumbe, vuelo gemido humedad roca sed esta-
llido ola abismo acantilado niñez descubrimiento
beso flor revolución soledad surco lluvia desierto
vejez hondura silencio néctar piedra rumor voz
océano temblor miel llanto asombro luz oscuri-
dad paisaje clima mariposa fruta amargor fuego
frío calidez ternura abeja hondura inmensidad
materia aire libélula soledad pájaro rumor llanto
grito júbilo águila bosque penumbra desnudez
arena piel deseo vergüenza impudor cuerpo luju-
ria, poema tú

Tendido el poema como sobre lecho de hele-
chos y pétalos carnosos de las flores de tu jar-
dín, como primario navío de las maderas de tus
bosques, se deja llevar corriente abajo, adonde
desembocan los impúdicos deseos que te buscan
con el propósito manifiesto de impúdica encon-
trarte y mostrarse ante ti despojado de todos los
miedos

Poema no es palabra
son tiras de la piel del alma
jirones de las carnes de los sentidos
pájaro que construye el nido
hola que horada el acantilado
huellas en la arena húmeda que borra el mar
inventor de brisas en las ramas del árbol
voz del amordazado
hacha que rompe las cadenas del esclavo
beso en los versos que vuelan adonde
te encuentres, amada

En alguna rara ocasión estoy conmigo,
nos reconocemos que estamos para el arrastre
y sin haber hecho nada de provecho
en lo que la vida se nos ha ido de entre las
                                    [manos,
debería de ser carcajada fúnebre
pero solo es fúnebre silencio,
un sabernos acompañados por lo que nunca
                                    [estuvo,
un solitario mundo donde yo tampoco estoy.
Pero suele ser amable el encuentro,
sin maltratarnos más allá del olvido,
mutuamente nos reconocemos que estamos
hechos el uno para el otro
aunque nos encontremos en raras ocasiones,
cuando los violines de la tristeza resbalan
por las olas
y hacen que añoremos aquellos días que no
                                    [vinieron,
nunca tan solo que cuando nos decimos
dolientes que estamos solos

¿De qué se puede estar cansado, más que de
                                    [la nada,
de la abulia que produce la nada?
La medicina está en las uvas del mar,
en su cárcel libertaria de isla,
entonces la nada es la perfección,
el éxtasis en la quietud del vuelo

Vivo sobre el mar, atalaya de horizontes,
tierra de gaviotas y profundidades.
Quisiera que una tarde de regalos
estuvieras aquí,
comprobar que el hilo rojo
se enreda con las distancias
como se enreda el agua en la lengua de la sed

–El frío está solo –me dice la noche.
No sé abrigarlo. Entonces le hablo de ti

Caracolas navegan por el mar de tu vientre.
Desde la costa de tu cuerpo
me llegan sus rumores de algas
resbalando por la arena
con su característico olor a marea de fondo.
Néctar del deseo invade los sentidos

Busco la ebria, larga y lenta atmósfera del
                                        [ritual,
no el acto,
el acto es la búsqueda

Busco la palabra más afilada, la que derrumbe
todas las murallas,
acabe con todas las guerras, elimine las
prisiones de las fronteras,
hecha del hierro, la palabra más tierna. Sea
                                        [revolución

El amargor de la sed quema como lava
seca de los desiertos,

el estallido del frío en el fuego
hace el agua,
así mi sed busca el origen, tu incendio

Siento nostalgia de cuando azul la luz brillaba
                                    [cálida,
eran rincones de infancia
sentado entre pájaros, lagartos y granados,
las palmeras exuberantes de dátiles
rozaban el sol,
nostalgia de cuando descubrí tus ojos,
esmeraldas y brillantes, diminutas rocas
                                    [negras
en tus océanos, como espadas de agua
atravesaron mi pereza triste a la deriva,
fue la herida por donde destilan los versos

Nunca imaginé a la soledad tan sola,
tan en el desamparo de la nada

Eres regreso a lo desconocido,
latido, motivo de la búsqueda,
vértigo del origen.
Ella, la brisa del aire,
el olor a mar,
la llamarada,
la llamada del misterio
a la exploración de los sentidos,
el descubrimiento de lo sublime,
del éxtasis, del néctar de la existencia,

la lluvia del fuego,
está en ti

No viajo para quedarme,
viajo para regresar

Me aturde,
me lleva a prisiones de dulzuras olvidadas,
a hogueras de emociones,
saber de ti,
ya mirarte, que me lleguen besos de tus ojos,
de los pájaros de tu voz,
es júbilo,
descubrimiento del infierno perseguido,
donde reside el latido, palpita el resplandor

En la despierta madrugada duerme tu
nombre en mis labios,
en desnudez del sueño me abriga y cobija
la esencia de saberte.
Sé de las distancias, de las lejanas cercanías,
pero dentro, donde se acunan mis silencios y
[las tristezas,
donde las ascuas de mis tiempos resisten
los embates del tiempo,
como hoguera y océano,
eres universo que me habita, latido que me
[late

Tiempo que quiere ser invierno, calidez de
[pensarte

Quiere entrar viento, seca sed que enloquece,
quiere derribar la calma,
desalojar de sueños los árboles,
de árboles los pájaros,
de hojas escritas la memoria,
trae frío en sus garras.
Al irse, solo deja desiertos de los años

Cuando es la calma de los climas,
calidez exaltada, me olvido del destierro,
me hago con las vestiduras del enamorado
y desnudo salgo a buscarte

Gracias por las sonrisas que me regalas
de cuando el azar tiene las mismas esquinas,
son gotas de lluvia cayendo en la reseca boca
de la sed.
Gracias por el paisaje lunar de tu nuca
                                    [desnuda
trayéndome añoranzas del trigo y las
                                    [amapolas,
gracias por mostrarme el mar de tus ojos,
la dulzura que guardas en tus silencios,
por acoger en tus manos mis palabras
indefensas y débiles,
gracias por la brisa que traes a mis sueños
serpenteando la oculta vereda,
gracias por los sabores que me recuerdas,
gracias por ser como eres, nobleza impura
de las emociones

Los días grises, plomizos, me traen la certeza.
Paisaje del desalojo

La soledad es pálida, no le da el sol,
siempre a la sombra
de la voz callada que la esconde

La astilla se aferra a la herida como un
náufrago al árbol caído
que navega a la deriva, quizás por eso mis
silencios a la palabra escrita,
mis pasos a sentarme en lo lejos para verte
                                    [pasar
con tus alas de mar que navega,
sentado como día otoñal que se aleja
adentrándose en el invierno,
mirándote en lo lejos,
alimentando mi soledad vieja
con tu deseada esencia mágica
para que de vuelta a casa
me acompañes en el silencio

Qué importa que se sepa que el arcoíris
es arquitectura vieja
de puente romano, qué importa que sepas
del color de mis naranjos,
la abreviatura en inglés de amor sin fronteras:
siempre fue esclavo.
Qué importa que te escriba por encima
de todas las cosas lo que no siento,
y a oscuras, sobre todo a oscuras, escribirte

lo que en fiebre me araña,
lo que siempre volará bajo, añorando la
[yerba,
los escondrijos de los grillos,
lo que en tiempos yo te miraba y tú no
me veías, tantos escombros.
Qué importa si en las esferas de mis lunas,
en los bosques por donde se me pasea
la locura, escribo el verso de te amo,
arañando en una piedra, escarbando
en la madera, en la arena de lo pobre,
qué importa que lo sepas y lo leas,
las cumbres siguen nevadas
de pinares verdes, apretujados como soledades
[más solas
que el frío de las humedades, qué importa
la eternidad de una aventura
resumida en un abrazo, su eternidad
de instante único, indescriptible,
aleteando en los sentidos, qué importa nada
si he llegado tarde
adonde tú me esperabas. Me importa decírtelo,
y digamos que lo escribo sabiendo
lo imposible, que hubieses sido la respiración
de mi existencia, lo inaccesible de un tiempo
acabado que no ha sido.
Qué importa este inusitado quererte
que solo a mí me salva,
me importa que te amo, así me vivo

Es verso, son violines de olas, la sensación
dulce del imaginario
donde en sueños me visitas,
dulce oleaje de olas invadiendo el cuerpo
hace la ternura del fuego
en vaivén de murmullos recién descubiertos,
lávico estallido del agua bajo sol de noches
                                    [inauditas
incomprensibles para el ojo humano,
dulce locura de tocar el arte
en pura ebriedad de beber de tu néctar,
asombro y júbilo de sentirme latido en
el latido de la existencia,
plenitud del verso

Adolescente, ¡ah, quejidos del alma que fue
                                    [cuerpo!,
viene el verano,
quieto y azul, con las garras recogidas,
como si amaneciera dormido, con las sábanas
                                    [aún puestas,
pero es cazador, se desperezará, agitando
la sangre, agitando el azul del aire,
polen opiáceo se posará en las carnes,
viejo sabio vestido de joven elegirá sus
presas, hará heridas,
traerá racimos frutales de golosas promesas,
yo lo querré caminar despacio, saborearlo
como ofrenda a los dioses,
pero engañosa su quietud, será fugaz
como beso furtivo,
morderá hacia dentro, despedazando los restos

Así has surgido, espléndida, como una flor en
                                    [el desierto,
de entre los árboles del bosque sin árboles,
después del exterminio,
cuando la sed ya rozaba el abismo,
el temporal ya manso de los años secándose
como racimos al solajero.
Hubo un tiempo, hablábamos
de vez en cuando,
de cuando algunas tardes
se paraban en la plaza creyendo ver pasar el
                                    [tiempo,
cuando en realidad éramos nosotros
que pasábamos sin vernos.
O no eras tú y eran los rayos del sol
desgranándose en la plaza vacía,
desgranando el tiempo.
Ahora has surgido aquí dentro, espléndida,
como una flor en el desierto,
de entre los árboles del bosque sin árboles,
después del exterminio,
tejiendo los versos que tus ojos me dieron.

Camina la tarde como si fuese tiempo no
                                    [hallado,
por eso ahora te hablo desde fuera del tiempo.
Porque no me veo.
Por eso te hablo como he hablado todos estos
                                    [años,
sin verme, dejando fluir en escritas palabras
las sensaciones que me vienen,

creyéndome el que quise ser, habitante de tus
[labios,
de los abismos y las cumbres de tu piel,
nada más lejos del tiempo, de la realidad que
[me habita,
pero te hablo y te hablará siempre el que
[quise ser
así me habito, habitándote y habitándome en
[la escritura

Descubrimos, más antes que después,
que nacimos huérfanos,
la niebla donde residían las hadas y los
[duendes,
los sueños y las religiones, pronto se desvanece
y de pronto nos vemos en medio del camino,
del largo y angosto, solitario camino
que se pierde a lo lejos
por los dos lados, dentro de la otra niebla,
la de los miedos,
nos miramos y ya nos desconocemos,
en la memoria solo nos quedan cenizas
de bosques y océanos calcinados,
las cadenas herrumbrosas de las religiones

El rostro enmascarado del optimismo se me
[acaba,
el pesimismo me crece como un zarzal

Pero hay horas en que la luz es tan azul
que olvido los dolores y vuelo,

y corro por las estrechas veredas
y me zambullo en los charcos jóvenes.
Me desprendo de los años. Soy el otro.
Aquél que ahora regresa para desde los versos
[quererte

La tristeza no descansa, simula el sueño,
pero silenciosa afila sus garras en las rocas
[áridas
de los desiertos en sombras.

En las cumbres del día,
con las espadas enhiestas del sol, desgarra y
[desmorona,
quema el aire.
La tristeza no descansa, bulle desde
los océanos interiores,
como de mareas en calma,
pero estalla en oleajes contra los acantilados,
desarma las alas.
Abajo, cerca de la costa,
un pequeño pájaro contempla el paisaje,
escucha los ladridos del mundo, los latidos del
[hambre,
pronto sabrá volar y pronto pondrá vuelo
rumbo al descubrimiento.
La tristeza no descansa, siempre regresa
al origen del agua

Creí verte,
donde el atardecer es una fruta
desprendida de tus labios,

envuelta en marea inquieta
del mar de tus ojos,
brilló en el aire el nombre de tu piel,
creí verte,
sabor del salitre me trajo tu sabor,
fue eternidad de instante,
estallido frutal incendió el tiempo,
ardió la luz, se vino noche,
tálamo del sueño,
rumor de la desnudez,
creí verte,
te esperaba sin saberlo,
yo no estaba, tú sí

Madrugada oscura de noche poblada de
                              [estrellas,
cae azul oscuro el frío en lluvia fina de
                              [serenada,
alzándose canto de los mirlos me alza,
me pone en pie al alba la esperanza de verte,
entre las nubes, sobre el océano,
en un azar de buscadas quimeras,
aquí, muy aquí, donde en sorprendido vuelo
te digo que te quiero

Efímero presente
donde quiero eternizarme contigo

Caen sombras de los árboles,
hojas de los días, páginas del diario,
como tristezas del tiempo cierto,

destellos de luz amanecen
por donde pasean tus ojos,
la realidad duerme, sueño,
árbol frondoso de la vida
abre sus ramas,
alas del soñarte mientras escribo

Cada instante contigo, sea pensamiento,
sean frágiles roturas de los miedos,
un agitarse de pájaros en el silencio,
en el fugaz mirarte, es un renacer de los
                                    [sentidos,
una gota de miel desbrozando la oscuridad

¡Hola!, ¿dónde estabas?, me preguntas
sorprendida, ¿ilusionada?, de verme,
te miro como si te besara y queriéndote besar,
aprendiendo a caminar –te digo–, aprendiendo
a querer besarte

Hosco, sombrío el mundo,
se revuelve herido
ante la humanidad hostil,
suicida,
culpable raza blanca del exterminio,
defiende su futuro y su origen

Reconozco mi error, no del amarte,
mi error del decirte.
El amor consiste en la resistencia,
en la fortaleza del silencio,

así no molesta,
no perturba el mundo de lo amado,
ese mundo que late en alguna parte,
al que yo no pertenezco

Mi deseo es desearte el abismo del éxtasis,
sus cimas de olas,
en cada partícula del aire que te envuelva,
que a diario te nazca el ánimo de crecerte,
así me gusta saberte, sentirte, quererte,
deseándote la fortaleza del origen, la materia
                                    [indomable,
la ilusión de los sueños, el alba en la oscuridad,
la sombra cuando la sed te arda,
con la humedad de los sentidos siempre
                                    [latiéndote,
que me mires, que de vez en cuando me mires,
me traigas la brisa

Cuando la euforia ciega,
pronto la oscuridad se viene a la calle
                                    [estrecha,
donde no recordé el recuerdo, donde soy
                                    [olvido

Mundo apátrida donde la verdad siempre
                                    [duele
y la mentira alivia siempre

Innecesarias las fechas en el diario del poema
cuando cada verso pretende la inmortalidad,
quiero decir, verter la savia de los sentidos

No me iré, me quedaré aquí, en la aldea,
en sus callejones, en sus ruinas inmortales,
en el clima del yodo, del alcohol de la uva,
en el opio del tabaco,
en los castillos de naipes caídos entre
los surcos derrumbados,
aquí me quedaré, donde me quedo, esquivando
como buenamente puedo
las cazas de brujas, a los cobardes asesinos de
                                              [sueños

Te recorrí despacio, con la lentitud de lo que
no tiene término,
no me valió de nada, eran tiempos de oleajes
y prisas por desaguar,
por descubrir mundos.
Me quedé en la seca tierra de nadie, a la que
                                         [pertenezco

Te pienso con el amargor de la dulzura,
en noche así, en que la nostalgia gobierna los
                                      [sentimientos

Desbordado por la magia de ya saberte dentro
                                         [de mí,
he de hacerme al clima del hechizo

Soy del otro lado, donde no hay orillas
ni horizontes cercanos

En alguna parte del diario del poema, dolorido y con tristezas del caminar pesaroso, el silencio más hondo quiere hablar, descubrirse ante ti. No tiene costumbre, solo el valor que da el umbrío callejón sin salida de las emociones, apilándose en escalones que llevan a las alturas de la luz. Y así verte

No se puede explicar la belleza,
cuál el motivo de su origen,
cuál su propósito si siempre el derrumbe,
no se puede encontrar lo que no estuvo,
tampoco lo que no estará.
La célula del dolor, esa es la búsqueda,
buscarla, extirparla.
No se puede explicar a qué ha venido
la naturaleza, cuál su destino,
el alboroto como pájaros de los sentidos
al enamorarse de la otra parte de uno mismo,
el hilo rojo sostiene las distancias que unen
                                    [el mundo.
No sé explicarme, qué soy, de dónde vengo,
por qué me lates como un incendio, como una
tristeza ya sabida,
las explicaciones son las fronteras que crean
los cobardes, los abismos,
¿a quién le digo luego, cuando el más tarde,
que he pertenecido a la existencia?,
solo a ti, que en los versos estás conmigo.
Eres el motivo

La lucha por la libertad y la justicia,
por el verde del amor,
rescatará los versos que he ido perdiendo en
[el camino
y aunque tullidos, o quizás íntegros, salvados,
regresarán al diario del poema

La noche me trae la boca dulce del sueño,
donde en mismo espacio tiempo se funden las
[dimensiones,
no tiene peso la materia, liberados los sentidos
sin las cadenas del tiempo que vuela,
única paz único latido que me visita y me besa,
boca dulce del sueño,
¡ah, tu boca, fuera tu boca,
fuera sueño la vida,
se enhebrara en espacios y tiempos de tus
[mundos,
caminando sobre las piedras del camino,
por lo arenales húmedos de tus sentidos!,
sin las cadenas del tiempo que vuela

La vida me agotó pronto,
o pronto se cansó de mi ceguera,
apenas si me dio para rozarla,
vislumbrar su exuberancia,
pronto se cerró la luz en su capullo de seda

En mi vagar errante me acompaña
el esplendor del paisaje,
el estallido hechicero de los colores,

abriéndose en árboles frutales todos los
[sentidos.
Por aquí anduve con las manos rebosando
[sueños,
días de seda, noches de sensaciones infinitas
[y menudas.
Fue fugaz encantamiento. Ahora es
la ternura de la tristeza
vagando errante por el esplendor del paisaje.
Pero no dejo de buscarte, como la abeja el
[polen,
como busco los versos heridos en la costa,
enredados en el musgo, entre las rocas

Palpo en el aire la piel del soñarte.
Como sueño, me visitan las gaviotas
con mensajes de tus labios.
La locura ronda por los andamios de mis
[soledades,
locura febril del mórbido desearte en mis
[brazos.
Palpo, ahondándome en el horizonte,
los gemidos del andamiaje,
las carnes furiosas del oleaje como súbita
realidad del sueño.
Los pájaros de mis versos rasgan las vestiduras
del aire, te desnudan,
desnudez ebria del deseo.
Palpo indecente el salitre que me aborda,
palpo el sabor de tu mar,

al menos vuelen los poemas, sientan
la intimidad de tus manos.
Impuros y desnudos abran los ojos, recorran
las húmedas regiones soñadas,
se hundan en los abismos deseados

Vida, ¿dónde estás? Dejo puertas y ventanas abiertas, entra la luz del aire, la respiro, me respira

La extrañeza del diario del poema: se atreve y vierte sus pasajes por el infierno como si fuese un paseo por las nubes, la extrañeza por la fuerza veraz de las palabras impúdicas que te desnudan las carnes, abriéndolas en frutas del paraíso como días de primaveras, inundadas de incienso y salitre, sabor de mar que me trae al diario los sabores de tu desnudez de hembra

Sí, duelen los versos perdidos, los lloro como si se me hubiese ido otra vida más, como así ha sido, escribo ciego porque no atiendo a la razón, no me importa la osadía de las palabras que te desnudan y hurgan en ti como si fuesen mis labios y mi lengua, diario ciego del poema buscando perdido el camino en la niebla, buscando tu impudor avergonzado

En construir un amor se tardan incontables vidas, es suficiente una delgada y minúscula grieta para que todo se desvanezca, se derrumbe el castillo de arena del amor. Desaparece la vida

Crecí dentro de la vegetación espléndida
de la aldea, entre sus hinojos y zarzales,
muros de piedra donde vinagreras y lagartos,
crecí sin crecerme,
los palmerales, las higueras, los granados,
los surcos de la tierra,
fueron abandonados por el agua, ahora
camino por los rastrojos,
envuelto en la majestuosidad del paisaje
solitario abierto al océano

Con mimo cuido las palabras, las deposito en
                                        [el papel
con la delicada delicadeza de posarlas en la
seda de tu piel,
tiembla el pulso de la mano ante el temor del
                                        [rasguño,
de ser torpeza y herirla en su desnudez
luminosa de hembra,
temblor que amenaza con descarrilar las
                                        [palabras,
sacarlas de los surcos que surquen tus playas,
los trigales de tu espalda, tus cóncavas rosas
                                        [tiernas,
palabras que quieren ser húmedos labios,
pétalos del agua,

pero también desvariados, insolentes
arañazos de la lengua,
mordidas profundas como besos bebiendo
la esencia de tus carnes

El hermetismo me viene desde los olvidos
que la niñez se dejó atrás al irse sin despedirse,
eso me trajo este cansancio que no ha dejado de
madurarse en los vacíos del alma, o como quiera
llamarse a este hueco sideral que arde en las en-
trañas, oquedad oscura donde se ahogan los si-
lencios. Sentí el hachazo que me separó del
mundo en madrugada que se desgarró en grito
seco venido de lo más hondo de mí,
me abandonó la voz del destino, no hubo
salidas, aunque hice cometas, destiladeras,
boliches de barro, arcos y flechas de tarajales
y me construí alas con hilachas del aire,
estaba señalado por los designios de
mis dioses maltratados,
fue agujero negro la infancia, descalabro
de huertas y altos bosques de yerba,
se secaron las charcas, las atarjeas, las noches
con sueños, engullida la existencia,
del campo desaparecieron las ranas, los grillos,
los gorriones de las plazas,
hermetismo al que le ha crecido musgo
de terciopelo como ternuras por lo perdido,
donde he ido construyendo enredaderas
de soledades y de tiempos desalojados.

He procurado amansarlo, incrédulo
y paralizado me he crecido sin crecerme,
trayéndolo a mis paseos diarios por la nada,
contemplando desde lejos lo que amé desde
el origen e ingenuo no dejaré de amar,
es mi equipaje. No puedo dejar de amar a lo
que nació conmigo
y que se quedará aquí, en los escritos, cuando
me haya ido.
Hermético, como máscara me he llenado de
                              [adjetivos.
Gracias a mi amor desgarrado por quienes
me han dado vida, he sobrevivido.
Ahora mi hermetismo es cosa de los años,
los viejos siempre han sido viejos,
se mueve por entre la indiferencia del mundo,
quizás por eso ahora mi hermetismo
se desangra desnudo y deshonesto como
homenaje a mis dioses paganos
en las palabras que escribo y que junto con
mis cenizas se las llevará el viento

Pero mi hermetismo se ha abierto en flor
                              [alguna vez
–aún no me atrevo a reconocerme en solo una
                              [vez–,
fue solo la mortal herida por cuya sangre aún
                              [navego.

El diario del poema me pregunta si alguna
vez al menos, rocé
o estuve cerca de lo soñado. Lo reconozco, sí

79

Ahora bajaré por la calle de los zapatitos
                              [perdidos,
me dejaré impregnar por el salitre y el olor a
                              [incienso,
el día azul, bajaré con el presentimiento
o al menos con el deseo
de verte la luz que desprendes y llena el aire
                              [de motivos

Sé del regreso con las manos vacías,
pero me esperan mis compañeros de casa,
los libros, los objetos, las plantas,
mis bosques de pequeñas piedras,
los cuadros, las fotos, mis paisajes con sus
acantilados, su océano, sus cumbres,
su horizonte, con sus rumores de tiernos
                              [silencios
deshojándose como árboles del otoño

En el equilibrio inexistente de la verdad falsa,
ahí pervivo,
pido que no me molesten, pero la maldad es
                              [insaciable,
no oigo, aun así lo que dice la sordera más
                              [desgarra,
me vengo aquí, al refugio de la nada,
no molesto,
aunque molestar un poco donde existan los
                              [latidos
reconozco que me agrada: los latidos siempre
                              [se alejan.

Latidos que tampoco hablan, son tiempos de
[abundancias,
nunca tuve noticias tuyas, no me pertenecía
[saber nada,
ahora entiendo tarde que mi quietud es la
salvación de los amantes,
me camina la tarde, se me acabaron
las palabras, soledad cierta, inacabable

No mentí para acercarme a la belleza,
pero la belleza necesita de la mentira para
[sobrevivir

Una tristeza así, triste, reivindica el canto de
[los pájaros

Conocí el beso de lo que fuera beso en otros
[labios

Se posa el pájaro en la rama,
lleva en el pico el canto del alba,
amanecer del buscarte

Me gusta equivocarme,
caer en la cuenta de que no soy yo, puro
[espantapájaros
donde la tierra abandonada, sin pájaros,
sin derecho a la lluvia, a los mensajes de la
[lava,
mi no yo con la fortuna del desalojado

Me mintió la humana vida, no me mentirá
la humana muerte

Solo me alejo de la orilla si el oleaje amenaza
                                              [acantilados,
las rocas que desmantelan olas como murallas
                                              [de papel

En días así, en que solo se habla
de la enfermedad de los años,
yo me escondo en mi caparazón antiguo
emulando a la tortuga del cuento,
entonces te pienso como si fueses la ola negra
que rasga el azul del amanecer,
tiempos de nostalgias
cayendo los versos en los surcos de la pronta
                                              [vejez
queriendo enardecidos rejuvenecerse,
brotando como primaveras bajo las parras de
                                              [la embriaguez

Aquí el diario del poema hace balance
y se inclina del lado de las tristezas,
sabiendo que hay besos en el aire,
latiendo como presentes

Nada más iluso que saberme vivo

Escribo en el diario una fecha cualquiera,
me gusta jugar a la brujería de equivocarme
(dime a escondidas cuál fue el día
de la primera vez
que nuestros ojos se encontraron)

He venido al mundo con la pretensión de un
dios, para así poder quedarme contigo

¿Tendré un tiempo para alcanzar tus besos
con mis labios?
¿Tan tarde es?
Me lo pongo fácil: me vengo al sueño
a besar el pan de tu boca,
a robarte el agua de lluvia de mi sed.
Me da ánimos tener tiempos para aún
en vuelos acercarme
a besarte, ¿en abrazos que alguna vez me
[diste?
Deja, no digas nada, ayúdame, deja que
lo sienta así, desmemoriado

En este atardecer de frágiles colores, con
[vuelos
cruzados de garcetas y gaviotas,
tiernamente pienso en ti, suave la brisa
como tu piel imaginada

Pinceladas delicadas, hechas con hebras
de la seda de tus ojos,
de tus labios, de tus humedales, con suavidad
desenhebradas de mis sueños,
se enredan como versos en el aire sonrosado
y violáceo que amanece,
quieren ser piel los versos, pétalos
de violetas y rosas,
enredarse en el aura de tu cuerpo,

que sean delicadas alas de vuelos alados
volando tus vuelos,
posándose en tus bosques, en las costas
de tus íntimas regiones.
Pinceladas que el mar llena de rumores,
de mareas desnudas
abriéndose en calideces de olas,
de deshojadas sábanas azules,
vertiéndose en temblores en tus océanos
de algas y corales

¿Es acoso mi diario escarbar en los silencios,
buscándote versos?

Es procaz mi insistencia,
la voracidad de mis sentidos

Las gentes que por azar vienen a la aldea,
palpan su atmósfera
y dejan que su magia las envuelvan, opiácea y
[hechizadora.
Sin saberlo se convierten para siempre
en islas errantes como las estrellas

Hoy es noche en que los espíritus bajan a la
[tierra,
alumbran con sonrisas de mediaslunas
los callejones solitarios,
son brujas las farolas amarillentas en la
[madrugada,
grillos los susurros de las ramas,

se hace carne la nostalgia, materia mineral
                              [del poema,
noche en que es más fácil caerse, la niebla
ablanda las piedras

En alguna parte del camino me encontré con
[tus labios,
no me besaron,
besaron la soledad cierta del nunca besado

Ni mi yo lo sabe: te piensa.
Cuando bebe el vino milagroso de la uva,
cuando se va lejos para no encontrarse,
te pienso, sin yo, sin mí, te pienso,
aturdido por la bulla de las ausencias,
por el desguace de las olas,
te pienso, desde lo más adentro de mí,
adonde no llegaré nunca,
hasta el esplendor de las afueras hurgando
                              [complicidades
que no alcanzo

Me aturdo a propósito,
pongo ancla en cada charco ensalitrado,
en los oídos del paisaje, en las noches,
en la luz de los climas,
me voy al sueño, necesito soñarte

¿Quererte es bucear en las dimensiones de los
                              [tiempos
y hasta la última gota de sangre no dejar de
                              [buscarte?

Y los días y los astros de las noches no dejan
de decirme que estás cerca,
cada vez más cerca

Perezosa se mueve la mañana
aun desenredándose de la noche,
hebras musgosas como niebla de salitre
del sueño que aún me late,
era en tus labios fiebre, racimos de lluvia
                                    [delicada,
húmeda como ternura en incendio de beso,
era en tus ojos olas de marea envolvente,
es la dulce sensación del beso besándose,
la extraña penumbra
de calideces húmedas resbalando en caricias
                                    [desnudas,
anhelante se mueve la mañana, busca saberte

En mi interior, a la vista de mis ojos,
solitario o ausente, náufrago en los azules
                                    [dorados
de los días, al sol ponerse o en las noches con
                                    [climas
irreverentes y místicos, cuando el alba estalla
                                    [en violetas,
música de violines en el musgo entre las rocas,
a cada vértigo de la luna erotizada
                                    [acariciándote
como mis labios quisiesen, ¡ah, tu piel
                                    [desnuda!,
más bella tu belleza en mis sentidos,

más ebria mi ebriedad de quererte,
de que sea tiempo de beber de tus palabras
y tus silencios,
de los líquidos universos que fluyen de tu
[cuerpo

Se encorvan mis ideas, mis imágenes, no sé
[los sueños,
que siempre fueron torcidas ramas de árboles,
como si el planeta cayéndose o saliendo
del huevo de la tierra,
ahora, para mirarte, he de ponerme bajo la
[mesa,
boca arriba, como de niño tendido en la arena,
cerrándose el ciclo, en descubrimiento
[abarcándote.
¿Sabré llegar, encontrarte, decírtelo?

Una pregunta exiliada navega por
las profundidades del universo

La búsqueda es el motivo,
encontrar no es el destino

No fue búsqueda,
ha sido lenta marea invadiéndome,
sutileza de gestos,
enjambre de palabras calladas,
hebras de miel tu voz
destilan tus labios

como un ocaso interminable
donde refulgen todos los minerales,
no es búsqueda,
es placidez del mirarte,
lascivia de los sueños

Cuando venga la lluvia
tendremos que pedirle que pare,
tan abocado el hola al adiós,
tan dispuesta la secura al desborde,
al acecho, con sus afiladas y frías garras de
                                        [temporal,
la exterminadora tormenta
esperando el momento oportuno
para abalanzarse sobre la indefensa
ingenua como adolescencia
más débil calma

La especie humana será la especie que esté
menos tiempo en el planeta, apenas si llega a los
150.000 años y no llegará a los 200.000, y con el
gran mérito de ser la única especie autoelimi-
nada, autodestruida por sus estúpidas y opreso-
ras ansias de poder. Esto me lleva al senti-
miento de que hemos sido y somos una especie
intrusa, y que la única solución para la vida en
el planeta y del mismo planeta, es la completa
desaparición de la humanidad. La gran catás-
trofe del universo sería que nos diera tiempo a
irnos a otra parte

Todo es lejano, como si desprendido del
                                    [tiempo,
las viejas casas, los caminos viejos, los paisajes,
bullicios de risas, bandadas de pájaros,
los abrazos, las emociones, todo fuera de mí,
yo fuera de mí,
como si apartado del mundo de espiral
                                    [abriéndose,
alejándose del latido del origen,
del núcleo donde la vida respira y reside,
será cosa de los años,
del envejecimiento de los huesos y los ánimos,
que alejan
y arrastran al abismo

Es día de recordarte, de cuando los pájaros,
de cuando las hadas embrujaban
los enramajes de tu luz,
cálidos incendios en cada roce mariposeando
por las finas hebras de oro negro de tus
                                    [bosques negros,
¡ay, las sinuosas caderas de mi asombro,
los humedales de tus hirvientes mármoles de
                                    [seda!
Es día de añorarte, el mar está vestido
con tus olas negras,
graznando las gaviotas sobre el lecho azul del
                                    [océano,
¡cómo de desnudas y reales
a oscuras las imágenes se me enmarañan
como musgo entre las rocas negras,
en la tibia tristeza que me dejaste!

La herida que roe desde los cimientos y va minando las fuerzas, abriendo tristezas de no verte, apenas es una mota de polvo manchada de sangre ante las heridas del mundo. Me fortalezco en los sueños, lugar de mis paseos diarios. Llegaste invadiendo mis arenales desiertos, sin caracolas ni puertos, mis surcos secos, mis bosques sin árboles, mis mareas sin océanos, tú no lo sabes, es cierto, pero sí tus ojos, sí tu mirada venida de los almendros y de la brisa azulenca de las olas negras entre las rocas negras, cuando me ven solitario en lo alto del silencio, mirándote

No tengo tiempo es tener todo el tiempo del
[mundo,
y se me esfuma volátil, sin tiempo a saborearlo.
Rozando el mediodía me siento en la roca
frente al mar,
unos cigarros, incontables versos que no
[atrapo,
que veo pasar, no sé si los pensamientos me
[dicen algo,
al lento levantarme ya veo
las primeras pinceladas del ocaso,
será oscuro al llegar a casa,
ya sin tiempo para recorrer el día,
no me ha dado tiempo a hacer nada, me quejo,
me lastimo, dejo de hablarme en la noche larga
prometiéndome que mañana sin falta,
al mediodía,

después de unos cigarros sentado frente al
                                    [mar,
viendo pasar incontables versos que no atrapo,
me levantaré, caminaré libre,
pensando en las cosas que mañana tendré que
                                    [hacer,
no sé si los pensamientos son de verdad
o son solo palomas mensajeras

Ayer no te vi,
es fácil hacerse a la idea,
miro la nada

Día de recordarte, tendidas las sábanas
azules de la mañana
en un océano nostálgico, como de quietud
                              [llamándote,
inquietas las alas de las olas, recordarte es
                              [desearte,
no piensan las palabras, inevitables y débiles
                              [fluyen
como sangre de la herida, buscan indecentes
soplo de la brisa de tus labios, de tus
estremecidas carnes,
eufóricas te hablan con la lengua de los
sentidos desatados,
no saben caminar por las aguas, no saben
acercarse y besarte,
pero día de recordarte imaginando la lengua
de los susurros,
navegando furtivo por tus océanos más íntimos

Estuve en la oscuridad,
instante único produjo el silencio absoluto,
insiste el dolor, nunca la risa,
en lo oscuro me perdí, dejé de hallarme,
no se sobrevive a la nada,
como estrella solo queda la luz de la materia
                                        [ausente

Escribirte es caminar por tus bosques,
por tus laderas de senderos resbaladizos
donde el musgo y los helechos,
recorrerte como la ola a la arena,
como la lluvia a la tierra.
Escribirte envuelto con el sabor de tu esencia
que me trae el aire,
deshojándome en los placeres de saberte,
no importan las noticias tristes de lo real que
                                        [acontece,
sus estructuras físicas de tiempos y distancias,
importa en este escribirte el sortilegio
de caminar por tus bosques,
aprehenderme al deseo
palpando los placeres de saberte

No escribirte será el triunfo de la soledad
                                        [vencida,
el embrumaje de la memoria,
ebria de búsquedas y siempre náufraga,
pero no dejaré de escribirte,
aunque no te sepa, aunque yo ya no esté,

mis versos están hechos de las fibras más
                              [resistentes
del agua cristalina,
sobrevolarán abismos y tempestades,
algún día sabrán posarse en tus labios, en tus
                              [manos,
en las íntimas carnes de tu alma

Día así, como pálido, como si el deseo quisiese
                              [desnudarse
en tibiezas lentas de suavidades lentas,
impúdico en su palidez, vestido con la seda
rugosa del salitre,
día así, con perezas como de labios
resbalándose por la arena,
como de mis labios amargos por la piel
                              [ensalitrada
de tu piel desnuda vestida de salitre,
día así, humedecido por las olas, de tibiezas
                              [azules,
como si amándote

El otoño, dentro del invierno,
se cree verano,
caen las horas como dátiles, derritiéndose
en un suelo de lagartos

Arregostada la niebla del salitre a traerme
                              [nostalgias,
a cubrirme con sus sabores de bosque marino,

abriéndome senderos de líquenes y musgo
que solo caminé contigo,
cayendo la tarde,
arregostado a sus tristezas y olvidos
                              [deshilándose,
me vengo adonde menos duele, al dolor de los
                              [versos,
adonde el dolor, cubierto por la niebla del
                              [salitre,
se enternece

Cuando no te veo, son grises las tardes
y las noches traen revuelos de pájaros ateridos,
se arropan en el insomnio, abrigo del desvelo
y refugio donde habita el deseo más desnudo,
navegan por la brisa como navegando tu
                              [cuerpo,
se hacen versos del poema como labios del
                              [aire,
hojas del árbol donde respiras y resides,
deseando verte, latir en tus latidos,
cuando no te veo

Al fresco, cayendo la tarde, amortiguándose
las llamas del sol en un mar de océano, el diario
reposa sobre la pequeña mesa que alguna vez fue
tronco de árbol, me miro las manos, están huecas
y secas, miro la circular mesa llena de anillos lon-
gevos y me digo que en su tiempo fue sostén de
joven árbol frondoso, miro el diario, y lo veo frá-
gil, empobrecido, desvalido, con sus hojas hechas

de la desmenuzada madera, que quisiera enrai-
zarse en la madera de la mesa y brotar como
rama reverdecida de lo que fue, lo contemplo con
la ternura de la melancolía, nos acompañamos,
nos sabemos así, solitarios acompañantes via-
jando por el agreste camino de la palpitante vida
que lánguidamente se desvanece

Tiene amarillentas hojas en blanco el diario
del poema, hojas desgastadas por el paso de los
días y también por las borrascas de las desidias,
me vencen la pereza y las tormentas en pleno
vuelo, amarillentas hojas en blanco que duelen
como heridas porque son heridas, graves, pro-
fundos arañazos por donde se desangra lo no es-
crito, lo no hecho, lo escrito echo cenizas por in-
cendios sin defensas.

Se barruntan tiempos revueltos de prima-
vera vieja. Como esperando, la calma acamada
sobre el mar, no hay vuelos de gaviotas, ¿de qué
nos valdrán las paredes, los techos, las puertas?,
alzados en armas los sueños que quedan,
sabiendo el desenlace
pero dispuestos para la guerra,
vencerá la paz, aunque antes vendrá la muerte,
los canallas no perecen,
se heredan a sí mismos sus pertenencias,
sus religiones, sus ejércitos de esclavos,
los solos seguiremos avanzando con los sueños
que nos queden en las despensas

No voy a ninguna parte, pero camino aunque las piernas no me dejen. Vengo de lo no olvidado. A lo largo de la vida he ido confundiendo leyendas con espejismos de realidades, creo que me sigue sucediendo, enmarañado y perdido por entre espesos cañaverales de sueños y recuerdos. Pero hay una luz distinta que no había visto antes, una luz con los colores afrodisiacos del desparrame, o es que la memoria me desfallece y es ahora, en un inesperado golpe de brisa de mar desalojando gruesas nubes, cuando ha aflorado el recuerdo. Una luz distinta que me trae el resplandor mágico que sin saberlo siempre busqué. Tú

Quererte es dulce con el amargor de las fresas
y quererte es amargo como la fruta más dulce
                                [del bosque,
escribirlo es necesario para que me lo sepa,
para que me lo aprenda,
clavarlo como flecha hasta lo más hondo,
en las carnes de los huesos,
sea sendero, sea búsqueda que me
desencuentre y me encuentre,
que sepa de la indecorosa esencia de tus
                                [caminos,
de sus arboledas, de sus rincones más
ocultos, más íntimos,
donde la vida se embruja, lo escribo para que
no me olvide,

que no se me ocurran los olvidos de
los suspiros, de cada gota de miel contigo,
que no tenga la debilidad de olvidarte,
de olvidarme de quererte
en el amargor dulce de la existencia,
en el dulzor amargo de la distancia,
porque entonces la búsqueda no tendría
                                    [sentido

¡Ay, pobre diario del poema, ni siquiera sabes por qué día te mueves, a qué extraños mundos viaja tu mente, cómo logras desprenderte de los tiempos reales, sumergirte donde se encuentra la nada y hacerla cuerpo, materia de los versos!

¿El propósito de la vida del diario, su destino,
es buscarte, encontrarte y perderte y buscarte?

Me alejo de lo visible, de la luz que hiere y
                                    [ciega,
me escondo en las sombras, a resguardo
de los enemigos de la vida,
como la presa del cazador.
Me alejo del tiempo, de los años que fluían
como desbordes,
sobrenaturales volaron por sobre las nubes,
                                    [cayeron.
Me alejo de tus ojos, me deslumbran,
me ciegan,
me traen las lágrimas de los sueños,
de cuando eran vuelos

Esta noche de enero me recuerda a una noche
de verano que no recuerdo,
«es verano porque te quiero», dijiste,
mirando las estrellas bajo la fría serenada,
sentí la punzada fría y triste del dolor,
supe que era invierno

Viene la tarde con los pies descalzos,
hebras en el aire
desprendidas de la desnudez que te sueño,
rumor de nave el mar, navego por tus mares,
escribo beso y tus labios son las olas
que rozan mis dedos,
donde se posan mis labios, por donde navegan
                                    [mis deseos.
Descalza y desnuda se sienta la tarde a mi lado,
tiene la brisa de tus ojos,
la suave piel de tus suavidades,
se hace penumbra, cálida,
te habito en el sueño

¿Por qué la tristeza se abunda de nidos
vacíos en los ojos?
Tus ojos, habitados de mar

La mirada misma de las olas la he palpado en
                                    [tus carnes,
el prodigio místico de quitarle el reloj al
                                    [tiempo,
las musarañas a la piel de las distancias.

Soy el ladrón de los besos que no te he besado,
la furia misma del silencio trayendo vientos
secos del sur
como flechas de sed polvorienta rasgando el
                                    [poniente,
soy la insignificante mirada que te mira
                            [desnudándote,
la pequeña piedra donde tropiezas
y tiras con rabia contra el fondo del barranco,
soy el que ha besado en el sueño tu boca,
el que en primavera, en la lluvia del polen,
llorará no verte,
la mirada misma que desea desnudarte

Me acordé tarde del cansancio de los huesos
de mis ánimos
Me acordé después, cuando la montaña
daba sombra en las ruinas

Ahora lo comprendo: escribir a diario
es escribir un diario

Quererte es quedarme aquí, reducirme a mí,
que se amplíen tus mundos, resumirme en
                                    [saberte,
queriéndote

Escribiendo el diario me disculpo de mí ante
                            [el mundo,
ante mí no tengo disculpa

Los vientos cortos de febrero se han venido a
[enero
con la sequedad de los desiertos, en los
[huesos,
en sequedales se han quedado las viejas
huertas donde mi infancia se secó,
eran verdes los incipientes sueños, del sabor
del limón y los almendros,
corría el agua por las atarjeas, la brisa por las
[veredas,
la crueldad de la niñez dejándome solo
aunque siempre vayan conmigo las músicas
de las ranas y los grillos,
bóveda que abarcaba la atmósfera
de un imaginado idilio,
en estos días, rodándose las piedras del
[camino,
los vientos cortos de febrero se han venido a
[enero,
donde entre las ruinas, verdes los viejos
sueños reverdecen,
por donde a lo lejos se mueven los hilos
de tu presencia cercana

En estas tres dimensiones donde nos tienen
[encerrados,
la eternidad no existe,
hemos de romper las jaulas,
que mente y materia en unidad vuelen libres
por las infinitas dimensiones

Me detiene el pájaro en la rama, me siento a
                              [escucharlo,
lenguaje de millones de años surcando todos
                              [los cielos
y mi voz apenas si gatea. Me detiene la
infancia que juega en la arena,
por entre los árboles, trepando quimeras,
lentamente me levanto y con el paso lento
de los pies cansados y dolientes
me alejo por la vereda, ¿la niñez dónde se
                              [queda?

Cada amanecer es promesa,
abrir las ventanas es abundancia de tus
                              [aromas,
invaden mis sentidos, abriéndolos en flores,
despiertas la luz que fue mortecina,
haces euforia de la mirada mirándote,
eres mar, amanece en eufórico deseo de
                              [navegarte,
atracar en todas tus calas de carnosos arenales,
adentrarme en el musgoso musgo,
plenitud del inconsciente,
caminaré el día, llegaré a la noche, arribaré
en sus costas,
cerraré las ventanas, lejanamente deseándote,
como si te navegara escribiéndote

Por aquí, por la aldea del diario, las nostal-
gias hablan con las plantas, con cada rincón ín-
timo que me sabe, me miran sin mirarme, pero

nos sabemos desde que se nos fueron las infancias, y luego más tarde las plumíferas adolescencias, fugaces, a lomos de vidas ajenas, por aquí las nostalgias se quedan cuando cae la tarde, a tomarse una cerveza, un trago de sabores que ya no vuelven, desaparecidos para siempre pero anclados como perezas, con la sensación de que es la vida que nos queda, a mí y a las nostalgias, en el duelo de la vida que se aleja, saboreando cada mirada que nos regalas

Pero, ¡ay!, aquí, en el nicho de las oscuridades,
tu luz relampaguea,
me adormece el dolor

Saberte me da la palabra, la descubro
desnuda, tendida al sol en el trigal de tu nuca,
palabra que se enreda y enmaraña
en los enramajes de la fiebre
creando otras palabras, versos, el poema,
que se desnuda indecente
y que repta abriéndose paso por las selvas
de tus carnes –ábrelas–,
donde mis sentidos buscan los cielos
de tus infiernos de lava y agua
en donde arderme e inundarme

Donde florece, germina y estalla en polen
carnal la castidad de la infancia

Poema para seducirte, para saberte y desearte
abierta a las lluvias y los incendios

No tiene tristezas el deseo, solo en el diario
del poema se atisba lo triste de lo perdido, lo
triste de lo no tenido, de lo no hallado, de lo que
siento su latido y no logro palparlo

Latido de la naturaleza, lugar en el que me
                                    [habito,
ese silencioso sonido del rumor que embriaga
                                    [como néctar,
ritmo y pulso de las causas del motivo,
el sentido de la lujuria,
solo de ti me llega esta melodía de los silencios,
mismo latido de donde vengo,
solo en ti me regresa la infancia, el paraíso
                                    [perdido

Cuando las golondrinas no vuelan, el mundo
está boca abajo,
las fuentes recogen el agua de los océanos,
yo te busco por enredaderas bajo las raíces,
dentro de la tierra,
los pájaros no necesitan de las alas
para volar por las ramas,
tú y yo estaremos sobre las nubes,
tejiendo relojes de arena,
cuando las golondrinas no vuelen

Te estoy escribiendo, sabiendo que ya no
podrás leerme en estas dimensiones

A veces la tristeza duele
como un abordaje a las islas vírgenes,
se traduce como un dolor en el pecho que no
                                    [duele,
solo adormece y hunde como una tristeza
encallada en la costa

Encalladas las barcas entre las rocas y la arena
                                    [negra
y que un día fueron hogares con candiles
                                    [encendidos,
manos ásperas tendiendo las redes,
dentro de las barcas nidos para nuestros besos
bebiendo estrellas,
hoy es tristeza vieja a la espera del desguace

En penumbras escribo el diario
mientras los otoños, quedándose sin hojas,
se reflejan en el espejo del pensamiento,
árboles rugosos sin hojas que miro de lejos,
sin reconocerme.
Aun así sonriéndome te pienso
y sosteniéndome a duras penas en las sombras,
imagino que paseamos adolescentes
por el bosque antiguo del espejo.
Ebrias de sueños, las horas nocturnas
me sostienen entre sus hojas

La marea de la madrugada me trae el rumor
de tu voz desnuda,
el sabor de tus labios.
¿Dónde, aquí, la vida, dónde, en qué lugar se
[aísla?

Aquí está la mansedumbre de lo perdido,
solitaria como un silencio en altamar,
viva como un presente malherido,
escritura de lo que fue y permanece
porque es lo sido
lo que la memoria guarece y modela,
a veces le cambia el rumbo
y vuela sobre veranos de terciopelo,
nada más allá de hoy.
Aquí está lo que anduve y no tuve,
la siempreviva al borde del barranco,
el canto del mirlo que alumbra al árbol,
la historia inocente que buscó nidos,
aquí está, esperanzada aunque no lo diga,
aquí, está aquí la escritura,
donde no estoy ni he sido

Si alguna vez quise, eres el exacto recuerdo
de haber querido

Las uvas caen en racimos del amanecer,
frescas como delirios de un sueño
remiso a despertarse.
Porque fueron mareas de suavidades,

emociones de pájaros de agua
brotando de tus labios.
Siempre acaba el sueño antes de llegar al
                                    [horizonte.
Caen rotundas las uvas, anochece,
oscuras y redondas como lo oscuro.
Ir al sueño es buscar tus besos
entre las ruinas del mundo

Después de la llovizna, cuando sale el sol,
tengo celos de las abejas que liban de tu polen

Se derrumba la casa del perdido,
del que nació y ya empezó a perder,
habitáculo del mundo
donde todo ha tenido siempre como brújula
la distancia fija del horizonte,
avanzando, retrocediendo, en la quietud,
en la oscuridad, en el brillo del girasol,
inamovible, la misma distancia siempre,
no importa el timón se deje a solas,
se arroje la brújula al fondo del mar,
se abandone el barco,
quedarnos a la deriva,
el horizonte nos dice que permanecemos
en el mismo sitio,
nunca nos movimos,
paréntesis insignificante donde cabe.
Nacemos para ser derrota, pero derrota
                                    [recorrida

Estar como lunes de la pereza o como un
domingo debajo de la noche,
sin darme cuenta de haber estado hasta
un poco después,
cuando ya es otro día y vuelve la sensación
de las pérdidas,
de haber estado cerca, bordeando el roce
de la realidad acuosa del sueño

Este sábado me tienta a buscarte en los
                                    [cañaverales,
por los alrededores de la charca de las garzas,
sábado de un sol que apenas muerde,
acaricia, erotiza las emociones,
este sábado me tienta a hacer guardia
en la vereda del hinojo,
por donde los perros, las piedras y los pájaros,
sábado de arcoíris añorando la lluvia,
apenas llovizna débilmente griseando
los azules de la brisa,
sábado de todos los días, ocupando los horarios
del círculo, añorando verte

Una charla egosimétrica, tú haces el amago
de hablar y yo hablo el resto,
le digo al diario, abandonado en la mecedora
donde se enroscaba la gata
cuando en las tardes el fresco entraba por la
                                    [ventana,
sintiendo nostalgias de los mediodías de
verano. Lo miro desde mis páginas en blanco,

recordando cuando sentado en la trinchera
observaba en el aire
el movimiento de la luz detrás de las nubes,
como de pájaros enamorados

Cansan y aturden las mismas palabras, como
si todos los poemas fueran un solo poema,
mismas palabras, mismas palabras, como
campanas sonoras del alba
golpeando en la almohada de una siesta,
latido insistente en la modorra,
donde el deseo tiene la misma piel siempre,
la misma piel siempre,
la piel de tus carnes latiendo, latiendo,
latiendo

¿Cuándo es tarde? Cuando emigran los vuelos

Nos robaron el alma, y ahora las tierras,
las costas, los cielos

Tarde de invierno que apenas parece otoño
araña con labios húmedos,
hace tiernas las palabras. Tiene piel la
                                            [nostalgia,
tarde del abrigo que me faltas,
el vino, el cigarro, tú, el olor a tierra mojada,
las especias que desprende el campo,
sin leña del bosque sonrosado la chimenea
                                            [del alma,
anochece

En los tiempos antiguos eran las tardes
sentado en la acera,
viendo navegar el barquito de papel
por la vereda de agua,
a mi espalda era el miedo al fondo del pasillo,
la fosa de los sueños

En los tiempos modernos son las tardes
sentado frente al mar
en la única roca que queda

Mañana será la noche eterna. Siempre
                                    [invierno

¿Qué hizo que me enamorara de ti,
al cruzarse nuestras miradas,
qué magia, qué hechizo de tus ojos, del color
de las mareas?

Ya es noche oscura, me dice el diario,
se duerme. Yo no. Te espero

Verte es el verbo de la existencia, la salud
–el salitre– de los acantilados,
la pureza íntegra de los pecados, la causalidad
misma del presente tiempo,
verte, aunque esté el mundo a oscuras y la
ceguera me venza, ¡verte!,
contadas gotas inmensas de miel el verte,
descuerando los miedos, las tristezas.

Verte, y así amanezco y así me guarezco
en las horas olvidadizas del sueño, pidiendo,
solo pidiendo verte

Me atrevo a amarte y a escribirlo en el diario.
Porque no me veo

Solo se le puede poner fecha al maleficio,
al prodigio de lo inacabado,
desde que nos presentimos. Fue la primera
                                    [mirada

Es un amanecer frío, como de otras épocas,
de cuando la calle empedrada, la recova,
de cuando la costa en oleajes cubierta de
                                    [musgo
con temporales de vientos lluviosos del
                                    [poniente,
frío del amanecer trae de vuelta las infancias
con las rodillas ensangrentadas, los bolsillos
                                    [rotos,
que se fueron para no volver,
vienen evocadas por la luz de tus ojos de mar

El mundo del poder ama la incultura, solo la
servidumbre lleva al paraíso

Tenían razón los más viejos del lugar, la edad
                                    [no perdona,
la cachimba en la boca, el bastón de morera
apoyado en la pared de piedra,

los boliches, ausentes, huérfanos de infancias
como fantasmas merodeando los charcos,
va menguando la fortaleza de los huesos, se
resquebrajan, encorvan la espalda,
encapotado el clima de los ánimos,
es demasiado débil el sol
para los inviernos del menguado cuerpo,
apenas atraviesa el tupido ramaje de la
                                    [memoria,
demasiado pálida la tristeza que asoma entre
las arrugas, en los pellejos de las manos,
estoy más cerca del adiós que del hola.
Llueve. Milagrosamente llueve.
Me miro desde fuera, cerca del viejo banco
de madera vieja,
al fondo, borrosas en los ojos, las puertas del
                                    [manicomio,
semiocultas por frondosos y oscuros laureles,
pasas a mi lado, no me reconoces,
ya no somos quienes éramos

La verdad también se puede inventar
(escrito en alguna parte
y que alguien me ha recordado, venido de las
                                    [catacumbas
del tiempo que siempre regresa)

El futuro no tendrá pasado, será un ente
                                    [sonámbulo,
despojado del alma y los sentidos

En la escritura invento un mundo donde tú
y yo nos habitamos,
una isla aislada de lo humano. En esta isla,
diario del poema,
sin los ropajes bastos y torpes que oscurecen
el paisaje, mi desnudez busca
tu desnudez impúdica, el sol, la luna,
el néctar y la lluvia de tu presencia carnal.
Las palabras escritas son roces de las olas en
                                        [la arena,
son labios y son manos entrelazándose
en tus algas y corales.
La brisa que envuelve y mece la isla proviene
de los trigales de tus playas,
resbala por tus volcánicos acantilados
por donde discurre la lava,
se enreda en tus flores de agua, en tu vientre,
donde las mariposas y las abejas,
¡ah, mármoles de la carne, el mar de tu
espalda!, por donde navega
impúdico y desnudo el diario del poema,
buscando tu carnalidad desnuda

Vengo a diario al diario del poema, lo abro,
me asomo a verte.

Al pasar la página, indefensa y rugosa, el día
ronronea y se despereza
aún en la oscuridad. Magnética, la luna cae
                                        [arenosa
sobre el rumor del océano oscuro. Es tu piel
la brisa ensalitrada

Escribo las transparencias de tu nombre,
me nubla los sentidos,
un temblor venido de otros mundos
como ramas del árbol
agita las palabras, tienen las emociones del
                              [descubrimiento

Escribo deseo y vuelan pájaros, revolotean
mariposas, las abejas rumorean,
descalzo camino sobre nubes, palpo la luz
azul del aire,
como si besos te besaran beso el aleteo que
                              [te nombra

Nada más poderoso que el agua, el incendio
se deshace en ella,
así mi sed se deshoja en húmedos pétalos
en tu mirada de mar,
ninguna fortaleza más resistente que oleaje
de temporales, invade,
derrumba, así las olas de soñarte inundan mis
                              [soledades,
abundan de rumores mis silencios, de uvas
mis parrales secos

Los caminos distintos son los que se
                              [encuentran,
los propios, los apropiados, paralelos, solo
entrelazan propiedades,
mezquindades de siglos, acopio de ruinas
hasta que el mundo desaparezca,

nunca me encontrarás cerca de donde
los mansos y los seguidores de religiones,
los opuestos se enfrentan y nunca se vencen
por las armas,
la batalla desigual es de cada mil servidores
de los poderes contra un marginado,
triunfará la palabra, así me amarás, así me
tendrás, dentro de las palabras.
No amo más que lo que la materia me
reclama, los dioses que los sentidos reclaman
para su hambre, llámalo naturaleza, llámalo
necesidad del aire, llámalo paz,
¿cuándo, alguna vez desde que aquí reside el
hombre? Se multiplica lo maligno.
Me multiplico para llegarte aunque yo ya no
pertenezca a mis huesos,
ni siquiera a mis escritos, al diario del poema,
que vagará errante por un tiempo
y luego desaparecerá como las estrellas.
Es el resumen del mundo, de la existencia.
Todo seguirá su rumbo, camino de la
perfección, de la tristeza hecha nada.
Entretanto, los caminos distintos son los que
                                    [se encuentran,
los que me han dado la suerte de caminar un
                                    [trecho contigo,
o en este hoy que desea ser hoy y también ser
mañana, caminando contigo
un tramo del camino
antes de que se diluyan todos los versos,
se desvanezca el gesto del encuentro

El hombre viejo mira a lo alto del árbol,
este arbolito que plantó con su abuelo.
Lo ha visto crecer,
robusto y frondoso, mientras él subía una
                              [pequeña loma
y luego la bajaba despacio cargando
el cansancio a sus espaldas,
ahora el hombre viejo, queriendo sonreír,
mira a lo alto del árbol,
apenas alzando la huesuda mano, como
                              [despidiéndose,
sabiendo que permanecerá aquí, robusto y
                              [frondoso,
echando raíces, cuidando de los sueños del
                              [diario

Quizás no somos limitados, pero estamos
                              [limitados

Parpadean luces en el sueño
como faro de la madrugada,
estela onírica, azulínea plata de luna
por donde navega la nave de mis versos
rumbo a las costas de tu cuerpo que
me llaman como puerto,
como luminaria del deseo,
brillas dulce y tierna en el temblor primario
de mis temblores,
ardes áurea como hoguera en el océano.
Que no se despierte el sueño, que navegue
                              [siempre
por los lujuriosos versos,

me lleven siempre por este mar soñado
de tu interminable cuerpo,
por la luz de tus ojos, de tus húmedos incendios

Se sienta el hombre viejo en el banco de las
tardes de mis soledades,
por entre los matorrales asoma la gata del
atardecer, la felina tristeza,
mira el paisaje que se ablanda tierno,
fruta cálida, me mira,
por la página en blanco abre el diario del
                              [poema, escribe

Aquí se sientan los olvidos, las cosas que se
                              [alejan,
el cuerpo no duele nada de todo lo que duele,
solitario en el banco, posado como mariposa,
el diario del poema,
las tapas cerradas. Llueve

Tiempo sur en invierno con calima y viento
trae mal humor de asperezas,
todo molesta, yo me molesto, me estorbo,
incomoda el tiempo,
insistente como la ausencia, en desespero,
aúllan los nervios, se arañan,
se muerden, se incendian los cielos con
el rojo de la sangre,
el mar acamado, seco, despliega sus velas
encrespadas de espumas polvorientas,
recordarte es el sabor amargo de las lejanías,

de las cosas ciertas,
temo a la noche, sus tempestades violentas,
su amenaza eterna de quedarse dormida,
sobre el risco negro surge redonda la luna,
de entre nubes sonrosadas y grises,
¿a qué vida pertenece, sabré sostenerme?
Mis lágrimas lloran sobre desiertos

Luna de arena, pletórica en su desvergonzada
                                    [desnudez,
rueda en el aire, se desliza, se deja caer
en los arenales del mar. Así mi sed.
Sequedad de las manos horadando en la
                                    [oscuridad
busca palabras de agua para tus labios,
deseo sean ciertas y certeras, sean la materia
de mis versos,
que una leve brisa roce tu rostro mientras me
                                    [leas,
olas húmedas brillen en tus ojos, altiva te alces
sobre este mundo triste por donde vagan mis
                                    [nadas.
Sabré verte y mirarte, sabré buscarte,
asirme a mi soñarte

Es el ocaso cuando las tristezas se abandonan
y dejan que apático sea cotidiano lo oscuro,
me rebelo, hago me aflore una pequeña
sonrisa bañada en ternura
viendo los juegos de los chiquillos en la arena,
el beso dulce de la mujer al abuelo,

cómo el pájaro cuida del nido,
las miradas embelesadas de dos adolescentes
descubriendo el mundo,
se hace tarde lánguida el ocaso, pálidos rayos
de sol para los inviernos,
escribo en la noche el color de tu sonrisa,
la dulzura de tus ojos,
los besos que en sueños te he besado, me hago
[vuelo,
tengo las alas del enamorado, mi soledad
sabe de ti, me acompaña,
juntos caminamos el camino hablando
de las cosas bellas que nos regalas

¿Dónde el sol de la madrugada,
el de tu rotunda desnudez en los helechos de
[la placidez?
¿Dónde el sol de la madrugada,
el de los cuerpos desnudos entrelazados como
[raíces?

Después del dolor ya nada duele, ni siquiera
el recuerdo duele, dentro de lo que fue dolor
solo queda el vacío, de oscuro, invisible, deján-
dome en las afueras. De alguna parte del inte-
rior algo se ha ido, ha desaparecido para siem-
pre. El diario está de luto

El diario del poema para que sea poema
ha de dejar que las palabras
broten y surjan sin miedos, sean desgarros
o sean delicadas dulzuras,

sin ataduras, sin religiones con sus ejércitos
y sus leyes represivas,
sin cortarles las alas, naturales y sencillas,
nobles e impúdicas,
sin buscarles ropajes inútiles, rebeldes,
abiertas a la existencia,
se asemejen a vuelo de golondrina sin posarse
                                    [en tierra,
siempre en vuelo los sentidos, siempre abiertos
                                    [al aire,
a la llamada de la vida en peligro, de la
sonrisa indefensa que aletea,
prestas al reclamo de los besos y de las
heridas que vuelan
sin destino y sin promesas

Llevo heridas en el alma, en el pecho
mordidas de besos y buenas palabras,
pesados vacíos a la espalda, huellas
hereditarias en los pasos del camino,
nadie te recoge del suelo si ya no eres
despojo, el sol alumbra en lo cómodo,
oscuridad y frío en lo pobre, conocí el mágico
y tantas veces maléfico
poder del silencio, conocí el beso, el sabor
de la sangre de un beso,
venenoso dulzor que libera de cadenas los
                                    [sentidos,
nada aturde tanto como una maraña de
                                    [silencios,

como embrujo de caricias desvergonzadas
resbalando como el agua,
nada más sublime, nada más caótico. Soy caso
                              [perdido:
también seré muerte. Pero me queda la
                              [existencia,
escribirte y escribirme el diario del poema,
en él poseernos

Escribirte te deseo y así dejar que hablen los
                              [silencios,
con el murmullo de las olas, con los alisios
                              [seductores,
con el delirio diario en fiebre del poema

Escribir te deseo y la flecha del designio
ya tiene rumbo, ya tiene destino

Ven,
mañana será absorta tristeza. Solo morará el
                              [vacío

Qué extraño este silencio que no es silencio,
un rumor que viene desde lo más profundo,
de las palabras más íntimas y ocultas

Este viento tiene espíritu de alas secas, de solo
                              [huesos,
impetuoso porque vengativo paciente que ha
                              [vuelto;

dentro de la echada calma de este invierno
                              [seco, agreste,
de improviso, en espirales ascendentes,
viene y arrasa,
tira al suelo los andamios nobles que en
enredaderas han ido creciendo,
de la azotea se lleva las plantas
que tanta compañía me han dado,
solo quedan en pie los cipreses de mis
                              [cementerios,
las osamentas de los sueños.
De golpe, como verano, falso de nuevo, se
                              [detiene,
es tiempo seco, infierno de invierno,
pero solamente espera, agazapado, arrogante,
a que se confíen las barcas de las ilusas calmas,
será regreso, volverá a llevarse lo que queda
sobre los pies frágiles del desaliento,
¡ah, desierto que reclama sus territorios
de cuando era el salvaje verde!

Quiero acercarme y quererte, pero me vence
                              [el miedo,
la historia del tiempo, sus consecuencias
rugosas en los ánimos y las carnes,
en la piel de los sueños. Solo cuando
todos duermen, furtivo,
me acerco a quererte en el diario, y soy
fuerte, y escribo lo que nunca sabré decirte;
sin ser pronunciadas, las palabras se quedarán
en el aire, se las llevará el viento,

o no, y soy más fuerte, y quiero acercarme y
                              [hablártelas,
pero no, de nuevo caigo en el barro del
desaliento, soy insuficiente,
me lo dicen las débiles imágenes del espejo.
Como un obseso enfermizo, quiero
levantarme y escribirte

Cosquilleos de mariposas en el vientre del
diario del poema

Para poder equivocarme, primero tengo que
                              [acertar

Las flores de tu vida reciben del sol mensajes
                              [de girasoles.
Silvestres, de tu pequeño jardín, de los
riscos. Todas te quieren.
Cuando voy caminando y las veo floreciendo,
en cualquier parte,
entre adoquines y baldosas, debajo de un
árbol, asomadas entre rocas,
en una ventana, en los acantilados, en las
veredas verdes, me detengo y pienso en ti.
Es mi dulzura del día. Y pienso en los gatos,
en la gente que quizás amo,
en lo que no perdí porque no lo tuve, en las
ciudades que me aceptaron
sin saber de mí, sin saberme, pienso en el río
                              [Brenta,

en aquella ciudad italiana con sus raíces de
[piedra,
en los patos nadando en agua de mar, en los
días cálidos, en los atardeceres,
en las flores de Viena, en el vals, en el tango
horizontal sobre sábanas. Pienso en ti.

No te vayas nunca de mi memoria
enflaquecida

El horizonte se duerme, descansa, se aquieta,
se viene a la orilla,
a medianoche, con el aquelarre de las brujas,
la magia del mundo
(no puedo escribir, solo mirarte)

Veo cómo juegan en la terraza de los geranios
sueños infantiles con la puesta de sol
(bajo el sol, con tequila, café, cigarro, juego a
[estar contigo)

Gracias por haber venido al diario del poema,
no hubiera existido sin ti,
sin tus apariciones súbitas, tan fugaces,
en resplandores de luz,
de tiempo en tiempo,
resquebrajando las nubes tristes de las
[ausencias

Estoy aquí, cubierto por las nubes.
Para verme
tendrías que venir desnuda.
Llueve gris. Al piano, tiempo de melancolías

Es vasta la bastedad,
agonizan los bosques, los océanos,
se seca el agua,
amordazados los latidos del mundo,
después de la esclavitud solo viene el vacío
de la muerte,
se necesita mano de obra muy cara, cuesta
la vida, para devolverle la libertad a la vida,
porque eso implica más represiones, más
guerras, no reparan en gastos,
nos roban, nos tienen presos, pero es
el camino a seguir,
tenaces contra los barrotes,
me salva y me alza saberte

Luna de arena y viento me reseca los ánimos,
inquieta la quietud,
en añoranzas, lejos, la mirada húmeda de tu
[brisa

Cómo de ligeros se hacen los pasos
cuando el viento se aleja
y la arena yace posada en la tierra, en los
[océanos,
entonces brillas en mis versos como el verde
de la yerba,

mirada húmeda de tu brisa que me salva
aunque no te vea o te vea desde lo lejos,
pero viéndote luminosa y desnuda en el
páramo arenoso del poema

Sed del agua

El diario del poema debe evitar el ritual mo-
nótono de la monotonía. Me desengaño, me
vengo al rincón donde la asunción de lo triste.
Pero asoma la luna y me trae aromas del deseo.
Nunca la escritura deseó tanto tus latidos en mis
latidos, enhebrados con la seda de los temblores
en un resbalarse de las desnudeces, embriaguez
del polen de la piel. Me engaño con los climas,
con los rumores del salitre. La mirada del diario
del poema no deja de mirarte

La realidad me vence en la calle, frágil en los
recuerdos. Regreso a casa, anclada en el aire,
me refugio en el diario del poema, aquí me armo
para la batalla de la existencia

¿Es acoso escribirte mi deseo? Me acosan
los miedos. El dolor trae la tristeza

La tarde, que discurría mansa y absorta en
                              [cálida pereza
como regalo me trajo tu sonrisa por la vereda,
tus caderas de agua,

si fuera lluvia dulce y ligera brotó el olor a
[incienso,
mirlos y pájaros en el salitre, un sol de oro
viejo envuelto en arena,
como mi alma buscadora, venida del desierto,
tu voz me dijo cómo te vuelan los besos.
Venciéndose la tarde
vi cómo te alejabas por la vereda,
anocheciendo amapolas en el horizonte,
se hizo noche mansa de calideces con
rumores en cálida pereza

Cuando me acerco y te miro, no me alcanzo,
tu cuerpo se me aparece en inmensidad
de océano, carnalidad del sueño.
Se me estremecen los latidos,
no acuden las palabras a mi despropósito,
pero te miro,
cuento los incontables nidos que anidan en
[tu nuca,
me aprendo sus veredas de trigo,
las hebras de miel que resbalan por tu cuello,
por tus brazos,
me alejo despacio, solitario, no me alcanzo,
perdido en el día, en el desvarío,
se lo digo al silencio, soy el enamorado de tus
campos de amapolas y tus océanos

Sonámbulo, se acerca un futuro feliz para la
[tristeza

Como si de nubarrones deshaciéndose en el
[cielo,
así el dolor me decrece, el caminar está
cercano, he de creerlo,
¡ah, si tuviera alas para acercarme a verte!,
pero solo vuelo en el verso, escribiéndote.
Caminar es ir a ti. Aunque no te encuentre.
Sin el dolor que hiere y muerde, el peso
del cuerpo se hace ligero,
¡que sea viento, se lleve las nubes negras!
Y correr, correr,
no detenerme en busca de tu encuentro

¡Ah, tarde plácida que invita a la vagancia de
[los versos!,
como si olvidadizos, dejarlos por ahí,
las ventanas abiertas,
mariposeando por entre las flores, a su aire,
escarbando en la tierra,
no importa si invisibles para mis ojos,
corpórea su presencia
me llega el polen de su materia, el aire que
respiro, lo que me habita,
escritos en cualquier parte, en la piedra,
en la corteza del árbol,
en la cicatriz del pecho,
pero libres, libres, no es el verso lo que se lee,
sino el presentimiento,
la consciencia de lo que está, de lo que nunca
se ha ido y nunca será escrito,
permanecen como testigos, como advertencia,

custodios de la historia,
puros en su pureza vuelan con las alas de los
besos que quieren besarte,
¡ah, placidez de la tarde que invita a lo eterno,
al desguace de las penas!

Nunca veas lejano lo que no conoces,
está dentro de ti

Tenaz insiste el verso, quiere llegar a la piel
de tus labios,
invadir la corteza, desalojarla de las
desnudeces que vislumbra.
Tenaz en el hambre de recorrerte poro
a poro, bosque a bosque,
impúdica la sed que lo lleva y lo arrastra
adonde tus continentes
de volcanes y algas, le tiembla el vuelo
y al escribirte me tiemblan las manos,
tiemblan las olas
en los oleajes del sueño, se estremecen
vertiéndose en la costa
entre los murmullos del musgo.
Tenaz insiste el verso, sabe que la búsqueda
es el camino,
el destino del poema

Extasiada de belleza la luz del paisaje,
como si fuéramos tú y yo
después del acto de los dioses,

bañados en el sudor y el salitre
sin la angustia del adiós

Nostalgia, eres como las olas,
te vas para volver

En la aldea, cuando dan las diez de la noche,
son callejones vacíos de cementerio lleno,
alguna pequeña luz amarillenta entre velos
                              [de encaje
como velando los nichos de las ventanas,
fantasmales sombras silenciosas pasan por las
                              [paredes,
espíritus salidos de debajo de las losas.
Durante el día, la vida camina con pasos
                              [extraviados

Soy alto, muy alto. Si fuese un poco más alto
ya no alcanzaría a ver la humanidad,
su estatura enana que se cree ombligo del
                              [mundo,
devorada en su propia jungla de cemento y
                              [hierros,
de ambiciones y crímenes, envenenando
campos y océanos.
Me salvé, me desterraron

Tengo la salud de la fiebre donde universo de
                              [las palabras,
febril en su demencia me arrastra a sus
                              [misterios,

a sus bonanzas y tempestades,
a la raíz donde nace la memoria del agua,
universo de las palabras se abre ante mis ojos
por donde navegan mis sueños y deseos,
donde sublime te veo, desnuda y mágica,
pero fiebre monacal, nada más allá de las
                                    [murallas,
nada aquí dentro, donde moran los silencios

Vuelvo al espejo,
a preguntarle dónde la niñez,
dónde tú,
que me regresas al tiempo

Me abundan días en que el diario del poema
se halla triste hurgando en las palabras encuen-
tros vencidos, se siente desvalido, abandonado
a la suerte de los climas, ahí sobre la mesa, es-
cuálido, con sus viejas tapas protegiendo hojas
de enmarañados versos, pobres y escasos de des-
tinos. Espejo de mi mente y mis sentidos, no al-
canzo a consolarlo, habitarlo. Me contagia, me
hago tristeza, derrota en la búsqueda de pala-
bras que, enhebradas en hilos de la misma seda
de tu piel, formen exuberantes racimos de sen-
saciones y latidos

Acudo a ti, a la imagen de pensarte,
por ensalmo se haga dulce el amargor de la
                                    [tristeza,
de suaves ondas arenosas la reseca piel del
                                    [aire.

Aquí, en el diario del poema, la distancia se
empequeñece, se hace encuentro.
Las palabras tienen la materia del deseo,
el espíritu de la búsqueda.
Se haga la luz, sea vida el sueño de
recorrerte, de caminar por tus caminos.
Sean tus sabores el sabor de la lujuria, tu luz,
la luz del paisaje.
Me Trae tu voz el rumor de la costa, labios de
salitre se posan,
se desnudan las palabras, pájaros de agua
arden en tremor del fuego.
Sea tálamo del ritual el diario del poema

En la aldea era rica la pobreza,
en todo trabajo se fumaba,
existían las tristezas, existía la risa,
existía el campo, libre y abierto, existía el mar,
ahora el silencio se abate sobre las ruinas,
todo es pobre tristeza

Luna del viento y la arena, mujer del sol y la
                                              [luna,
brillan doradas tus playas de arena negra en
                                        [la penumbra,
poderes mágicos del sueño te desnudan,
se posan como labios en tus dunas de fuego,
refulge la seda de tus valles encantados de
                                         [mariposas,
hebras líquidas de la humedad más oscura,
donde la raíz del latido. Mujer del sol y la
                                              [luna

Vienes, noche, a recordarme la absoluta
esfera de la oscuridad,
el abismo insondable como puente
entre realidad y sueño,
la distancia que se aleja, el vacío que se acerca,
donde haya estado seré olvido en un instante,
pero estuve donde el verso se hizo carne

Violetas ensangrentadas en el aire cubren
los rumores del atardecer,
estallido en flor carnosa del áureo bosque de
                                        [la luz,
carnosidad del aire frutal se abre,
carnalmente llama a soñar,
sueño con añoranzas de frutas de tus bosques.
Minerales salinos me hablan de tu océano
                                        [mineral.
Sangre de la uva resbala, me evoca tu cuello
                                        [de miel,
brisa del azul me trae tu mirada húmeda al
                                        [sol,
el motivo de la sed, lujuria errante de la
                                        [ebriedad,
la seda de la noche me dice cómo tus arenales,
cómo la resbaladiza añoranza que me lleva al
                                        [soñar

No te vayas pero no te quedes,
que seas el fluir de las mareas

La quimera habita en las aguas cálidas
donde húmedos los sueños
navegan solitarios.
Como barra de bar en las frías madrugadas,
suenan a campanas de cementerio los
adoquines de las callejuelas,
son los latidos de la quimera, me dice el
                                            [silencio
que me habita y me habla,
del sabor del vino las lágrimas entonces,
porque te recuerdo,
¡ay, si supieras cuánto de cálida tu mirada
cuando en las espaciadas fugacidades
del tiempo me miras!
Sentado frente al mar, la quimera me mira

El diario del poema llama tristeza
a la realidad del mundo

Fracasado intento de seducir las palabras
para con ellas seducir la tristeza y vestirla con la
desnuda sonrisa, carnosa y frutal, de tu esencia,
y así seducirte. En sucesivos ciclos lunares, du-
rante sus ensoñadas noches, la travesía acaba en
desembarco en las solitarias costas por donde se
pasea la tristeza. A lo lejos, con sus parpadeos en-
tre la niebla nocturna del salitre, el faro me dice
que el latido existe. A la luz oscilante de la vela,
sobre el cristal de la mesa, abro el diario del
poema, osamenta de los sueños

Te escribo hola, invoco se haga hechizo, para que los sueños me crean y se conviertan en materia

Escribo olas, las beso, pero beso tus labios. Nunca más cierto, más húmedo, el sabor del deseo

No salto, como han de hacer las lianas
de árbol en árbol,
me quedo quieto, como si hubieran caminos
en el aire,
enhebro las palabras con nostalgias por el
mundo de siempre
que nos están arrebatando para ya no
regresarlo, las pongo al fresco de la
[madrugada,
donde el salitre y el sereno se encuentran y
[se entrelazan,
donde escribo alas y pretendo hallarte.
Enhebro las palabras con puntadas del
tiempo que va yéndose,
frágiles, expuestas al viento,
a las tinieblas por donde camino quedándome
[quieto,
como si ya nos hubiésemos encontrado en
[algún mundo,
en algún pensamiento, en alguna hebra caída
de algún beso

¿Cómo es posible encontrar lo que solo es búsqueda? ¿Qué sabe el diario del poema que yo no sé o no quiero saber? ¿Por qué no me leo? Llevo en los pies el peso de todos los dolores, en las manos la vaciedad me anida. Tu mirada nocturna, de noche encantada, es fulgor a la luz del día, incendio de mis anhelos. Tú caminas por un tiempo que discurre envolviéndote de magia, mis caminos me llevan siempre por donde tú pasas, ¿cómo hacer para que el sueño sea destino? Búscala, me dice el diario del poema

Salgo a la luz y a las sombras de las calles, a
[buscarte,
en los lugares más lúgubres, en terrazas
abiertas al océano,
pero los miedos son distancias que se cubren
con hojarascas de silencios.
Mujer de mar, soy de tierras abandonadas,
de charcos enterrados,
eres de alas que navegan, soy de osamenta
con las alas vencidas.
Regreso a casa, las manos vacías, los sentidos
[latiendo,
en el diario del poema, alada y libre te
[encuentro.
Digo tu nombre y la marea rumorea
chapoteos entre las rocas

La azada era el lápiz del aldeano,
escarbaba en la tierra
y escribía en los surcos firmes y limpias olas
[negras

resbalaban abiertas como las aguas por la
[arena.
Así discurren mis versos,
deslizándose por el papel rugoso del cuaderno,
como buscándote por entre las nefastas
predicciones del tiempo

Inclemencias del tiempo donde zozobran
los surcos de los sueños,
pero, ¡ay!, desmemoriado insisto en la
[búsqueda,
a duras penas arrastrándome por entre
restos de naufragios

No tengo prisa, pero el tiempo sí, el tiempo
[vuela

El tiempo se lo lleva todo, pero el tiempo se
[queda,
así también el diario del poema

La revolución se hace regando a diario
la libertad del amor

El cansancio de la tristeza
busca la detención del tiempo
en el vino de la luz,
que sea en la pereza
el discurrir de la placidez

Déjame decirte lo que te amo,
tiene la extensión de lo inexplicable,

la medida de lo menudo, de lo más íntimo,
de la tibia sonrisa tímida, en la penumbra
o al sol, bajo un sombrero joven.
No tiene justificación, no la necesita,
no es más que un arma contra las impudicias,
una fortaleza segura ante las embestidas de
                              [los colonizadores,
déjame decírtelo, aunque sea en una
escritura que nunca leas,
que los enemigos de la vida sepan que te amo,
que yo lo sepa, que no me olvide de lo
hermoso de amarte

Eres el arma que me defiende contra mí
                              [mismo,
la noticia de la existencia

Sin ti soy pirata, guerrillero, procaz, liberta-
rio, carne de cárcel, soledad, hambre de vida,
contigo soy hambre de vida, soledad, carne de
cárcel, libertario, procaz, guerrillero, pirata,
amante

Vengo al diario del poema a estar contigo.
Te hablo del clima,
de los dolores que a veces surgen sin venir a
                              [cuento
de alguna parte del alma y que se aposentan
en alguna parte del cuerpo.
Menudencias, quejas de los huesos, pero
estando contigo todo lo triste se olvida,

nada duele, los huesos se arropan,
se fortalecen, se liberan,
se sienten cobijados en la calidez cálida de tu
[mirada.
Aquí dentro, contigo en el diario, es calor
de cabaña, afuera la naturaleza nos protege.
Es mar y es laurisilva, olores del musgo
y el orégano, gaviotas y cernícalos,
mirlos picoteando en la tierra mojada, ebrio
en tus aromas, en el fuego de la presencia.
La desnudez te cubre, brillas como un sol
en la arena húmeda de un mediodía.
El amor es espíritu, carnal el deseo.
El diario del poema es el hogar de los sueños
en la tierra. Donde estoy contigo

El no es la perfección, rotundo, seco, el sí es
imperfecto, tiene grietas

La niebla de salitre y calima tiene luz de
eclipse y tiene el sol sueños de luna. En calma
de tiempo sur, el mar es lecho de ensoñados azu-
les. Apenas moviéndose calenturienta se mueve
la brisa. Caminar por la yerba es ir pisando por
un mar de nubes.

Atmósfera y paisaje del diario del poema,
por el que camino. Canta el rumor del sueño
como si la marea fuese encantamiento de
grillos arribados en la orilla.

Pálidamente se va dorando el día como fruta
de paraíso. Busco tus ojos, la silueta de tu risa.

Cuando tu mirada está cercana y me rozan sus
olas en mágicas calideces,
    los sueños tienen permiso para posarse en
    la tierra y creerse terrenales.
    Es luz de otros mundos la luminosidad
    que desprendes y seduce a mi destino,
    dimensiones que nunca he palpado
    y en las que el diario del poema se sumerge,
    donde escribo que la niebla de salitre
    y calima tiene luz de eclipse
    y tiene el sol sueños de luna. Donde en
    humedad espesa te beso

Te seguiré escribiendo en otros cuadernos,
hasta que se cumpla, con eclipse de luna, el cua-
derno inacabado, y te seguiré escribiendo en
otros mundos, en otras lenguas, acaso con otras
dimensiones, donde el instante se proyecte en
eternidades de infinitas galaxias y el azar nos
encuentre. Te reconoceré nada más presentir el
rumor de la marea en la costa, bajaré a escri-
birte en los labios de las olas las palabras del
embrujo, te amo, te quiero, te deseo. Las pala-
bras que descubrí nada más verte

    En la noche, con el humo del cigarro, las
    espirales del silencio ascienden a las estrellas,
    abajo, en el prado de la oscuridad, dentro del
    humo del cigarro,
    en desnudez te escribo
    Música de mar acaricia como rumores de
                                        [besos.

La mirada de oro del mirlo me mira
desde matorrales oscuros,
mañana te despertará con versos de
amapolas y trigales, desnudos al sol.
Pero es aquí en la noche donde en desnudez
                              [te escribo,
desnudas las palabras que te dibujan
desnuda en el poema,
la brisa del mar desaloja las nubes,
las vestiduras del aire,
espléndida reluce tu belleza de luna. En la
escritura beso tus selvas desnudas

Los poderosos, enarbolando la espada, la
cruz y el rosario, al inventar al diablo se crearon
a sí mismos

Solo soy palabras escritas, nada enardece
más, nada arde con mayor ferocidad
que el papel pobre donde yacen los poemas,
vivos en alerta como serpientes,
húmedos como besos, no importa se protejan
con losas de tapas duras
de la corteza más recia, se inflaman como
sacrilegios en nombre de la pureza del alma.
¿He sido cuerpo, he sido carne? Solo las
palabras escritas lo saben,
ya incendiadas. Sean cenizas los huesos,
enterrada bajo tierra la escritura.
Solo así se salva. Siglos para llegarte, un
instante de fuego para eterno alejarme.

Antes de que muera el sol, de que salte
por los aires, léeme: soy yo

Quiero y busco la piel de tus sentidos,
los latidos de tu piel,
la ternura verde y oscura de tus valles,
la lluvia de tus labios,
el motivo de los miedos, la intimidad
húmeda, oculta, de tus secretos.
Busco y quiero buscarte y quiero quererte
en cada átomo del aire,
en cada región de tus carnes, hacerme alas
y volar tus bosques del agua,
ser orilla y lamer el musgo de tus olas, libar
de las flores de tus corales.
Busco y quiero la búsqueda, el diario
recorrido por tu cuerpo infinito,
por tu aura sedosa como pétalo. Siempre
desconocidas y misteriosas tus costas,
siempre pájaro picoteando tu vientre en el
ritual místico del sexo, del hambre

Preso de mi libertad,
nunca más libre que en la cárcel, sin paredes
ni rejas, de tu cuerpo

Mis facultades de curar son nocivas, enferman,
hago que la fiebre sea naturaleza

Llueve y es prodigio,
el olor a incienso trenzado con el olor a mar
invade el aire húmedo de la noche,

como si tú y yo fuéramos beso palpitando
en el abrazo de los sueños

Ahora, el sol de la tarde trae de vuelta la sed
de la realidad

Graznan las gaviotas en la herida de las nubes,
rayo de luz rasga la humedad de la tierra,
sangra el deseo de verte

Me dicen las cartas del azar
que hay un encuentro pendiente
de encontrarse

Si renunciara a amarte sería renunciar a la
                                    [revolución

Mujer, tú eres la revolución. El símbolo

Acaso fue fortuna arrodillarse ante ese señor
de piedra o cartón,
acaso fue la perdición del mundo

Mujer, poesía, eres como la vida, su reflejo,
no sé qué de lo real, qué del imaginario,
si he bebido de tus lluvias,
de tus océanos,
o de la sed originaria del agua,
no sé cuáles tus bocas,
tus carnes,
cuáles las del sueño,

¿o es la misma esencia, el mismo universo?
Todo confluye en ti

¿Quererte es desearte? Entonces te deseo

Me detengo a verte caminar,
me emociona, como a un niño de tierra
adentro ver el mar,
tus pasos son los del sueño

La soledad ciega si las ventanas están
                              [cerradas,
impiden ver la exuberante inmensidad
en piel del paisaje,
su multitud de amariposados latidos que
                              [envuelven
y al tiempo forman un todo de la textura de
                              [la vida,
son la esencia misma de los sentidos,
la savia de la sangre,
las células de la materia,
el motivo de la existencia.
Sean las ventanas abiertas,
venga el aire que me acompañe y me abra los
                              [ojos

Ante la proa de la terraza, el mar,
donde en pétalos se posa la serenada,
piel húmeda de rosas azules

De los corales, como ramas del laurel que
abrazan y abrasan,
brota tu nombre
como brota del verso tu brisa de mar.
Es coralina la esencia de lo que te escribo,
como zarzales arde y se enreda en las llamas
                                        [del deseo

Noches oscuras, sin noticias de la mirada
y la voz que salvan,
solo el rumor de la orilla, solo la búsqueda en
                                    [las palabras,
santuario de la lujuria a solas, frío y lóbrego
sin tu presencia,
como noches de la infancia perdida,
náufragas del mundo

Noches oscuras,
languidecen las luciérnagas,
estrellas entre los árboles.
Una barca se mece en la orilla,
enfrente una vela ilumina la ventana

Debe de fluir algo distinto, lo escribo quizás
con oscuro propósito para que se cumpla como
profecía, manera ilusa de pretender quitarme
de encima esta niebla enmarañada, enredada
entre zarzas y rosales, quiero decir que en tris-
tezas y vanas ilusiones, pero que hacen que ca-
mine cada día por entre sueños y derrumbes con

la sensación de hacerlo por un jardín que siempre estuvo abandonado; ahí, la vida, a su manera se expande y se abunda, sin necesidad de ninguna mano externa, de ninguna ayuda. Así fluyen estos renglones, caminando por entre surcos por los que hubo un tiempo que discurría el agua, así navegan por las tierras secas, en busca de las flores sonrosadas de tus playas y tus labios

Créeme si te digo que el deseo que siento
por la presencia de tu materia
es para mi existencia lluvia bajo el solajero,
calidez de luz en las oscuras noches frías,
brisa de tus bosques y océanos en las tristezas
que tiernas y nostálgicas te piensan.
Créeme, es fiebre de la sed,
motivo en la escritura,
donde las palabras son mis labios
que navegan por tu piel

Esta noche tuve el sueño del descubrimiento.
Te besé

¿Los sueños se aposentan en el diario del poema, o es desde dentro de las tapas duras del diario que brotan los sueños, cambiando la noción del mundo? ¿En qué lugar del tiempo está el estallido del origen, donde el tiempo echó a andar y nacieron los recuerdos? Es dolor el origen, ¿qué buscaba la nada, darse tiempo a ser el todo antes de que se produzca el estallido de la destrucción, el regreso a la nada? ¿Me busco en ti, en el opio de tus amapolas, en la semilla que creó el origen? Surge el agua de la sequedad del fuego. Fuego que era habitado por el frío más cruel. Mayo otoñal en que te escribo, ¿es tiempo, pertenece al tiempo, o es certeza de la eternidad, el descubrimiento del latido, infinito surco de la siembra? Las palabras que te escribo quiero escribirlas en la materia de tu latido, iniciar la búsqueda

Encontrarte en la búsqueda es buscarte,
hallarte en el recodo entre dos palabras
donde crecen flores violetas y hay abejas,
una palabra es roca, la otra un hilo de agua,
o más a lo lejos, por donde las palabras se
alejan acercándose al borde
como un bosque de diminutas hormigas negras
siguiendo las huellas de tus pies descalzos,
hallarte sin hallarte del todo, nunca,
porque siempre desconocida y ausente tu
[presencia,
siempre inesperada y sorprendente la visión
de tu magia corpórea,
porque infinitas las veredas de tus gestos,
de tus carnes, siempre descubrimiento,
encontrarte en la búsqueda es buscarte
a diario en la piel de cada palabra,
en cada pliegue de tus labios que me inspiran
versos de besos húmedos,

en cada mirada que me regalas y donde impuras se desnudan mis palabras en silencio, amándote. Es cuando brotan amapolas rojas en los trigales de tus valles

Así en el diario, en cada surco de palabras abriéndose paso con desgarros y latidos carnales por la tierra seca, en busca del agua. Del mar de tus ojos. ¿Fui mente antes de cuerpo, ya te presentía fuera del cuerpo? Y después del cuerpo, ¿seremos encuentro de la búsqueda en extraños mundos paralelos, o seremos dos moléculas de la misma molécula, lo que mi escritura, transmisora de las vivencias, imaginadas y palpadas, de los sueños y los deseos, pretende? ¿Este todo es condena, es prodigio, es el destino de la nada errante? Tu estar en mí es buscarte; mi estar en ti, este diario del poema interminable, que será inacabado, como interminable e inacabado mi deseo de navegarte en incendios de oleajes. En ningún lugar más lúcido el mar que en espejismo del desierto, así en el diario la imagen de saberte me deslumbra y me ciega en abismos y cumbres, en la hondura mágica donde los latidos de los sentidos te buscan, lujuriosamente

Así en el diario, que quiere abrirse y caminar
[tus calles,
tus sinuosas veredas, los humedales de tus labios, las selvas vírgenes

de tu desnudez más íntima, el estallido único
de las mareas de tus lunas

La locura es salud,
la única medicina posible
contra la imbecilidad

En esta celda, enjaulado en los propios
miedos, rompo barrotes,
derribo murallas, me acerco a beber a la
taberna que aún queda en pie,
a solas con el vino, rasposo como la miel,
ebrias las lágrimas
me saben al sabor de tus labios si te besara,
en la oscuridad de la medianoche rota,
despuntando la madrugada,
me echan a patadas de la única tasca que aún
quedaba en pie,
la soledad, también ebria, y como puede,
                                    [arrastrándome,
riendo como hienas, silenciosos como el dolor
que arrastramos, me lleva a casa.
Antes de caer penosamente sobre la nada,
                                    [penosamente
abro el diario y escribo que te quiero,
¡ah, soledad, compañera!

Único lugar en el que te encuentro, en la lo-
cura, en el diario del poema. Escarbo en el aire,
tierra de los versos, y surgen palabras oscuras

como mármoles negros, dispuestas al desembarco en las islas de tu océano, un oasis cada isla de tu cuerpo. Estás aquí, en el diario desnudo donde me demoro y habitándote me habito, donde te desnudo para vestirte, donde te visto para desnudarte, ¡ah, desnudez del sueño!, ¡ah, vestiduras del deseo deseando desnudarte!

¡Ah, búsqueda del encuentro! Motivo y lumbre de la locura, del diario del poema

Desconozco tu desnudez que me llama, tus susurros de marea alta, los suspiros de tus aguas, te desconozco, a toda tú, envuelta en las llamas del júbilo, del estallido del fuego bajo la lluvia del deseo, te desconozco plácida tendida al sol en el lecho de la arena. Desconozco el origen de tus raíces profundas, solo sé de mi lujuria por saberte

Arde la leña en la chimenea,
arde el diario del poema,
sed de ti,
de que desaparezcan las cadenas

Solo es la palabra exacta del mundo sin ti.
Desgarro de las alas, abatidas en un campo
                                    [yermo,
los matorrales cubren las semillas sin
                                    [germinar,
aquellos paseos por las caderas de la luna
que no han sido,

el deseo de verte sentada en mis silencios,
como aquí,
en el diario deshilachado del poema, donde
solo es la palabra exacta del latido contigo

La vida siempre me fue triste,
si acaso algunas gotas de miel resbalaron por
mi existencia como prisas,
lo he aceptado como manjar que los dioses
me han regalado
para que el dolor me duela más,
en los versos vierto la sangre del desterrado,
la tristeza por lo humano.
Quiero ser canto y armonía pero las derrotas
                                        [me vencen,
vence la injusticia Justa de los elegidos por
sus propios crímenes,
por eso saberte hace que el dolor me duela
                                        [más,
resbaladizas gotas de miel como prisas
resbalan por mi sed

Siempre es de noche en los cementerios

Amo la fiesta de las flores, me recuerdan a ti

Toda escritura es un despedirse de lo terreno,
un hola a los sueños.
En el diario del poema lo humano ya no existe,
ojalá se hubiese ido antes del adiós, de la
                                        [catástrofe.

Solo tu esencia, esta querencia de eternamente
quedarme aquí,
con todos los sentidos respirándote

Me esperas dulce y durmiente en la
somnolencia de la cama,
sabes del no regreso de lo no habido

En el diario del poema somos líricos amantes,
en la búsqueda te amo y tú amas la vida

Escribir en el diario es irme adentrando en
una jungla inexplorada, primaria. Quiero aden-
trarme en tus selvas, descubrir en ti el sabor del
éxtasis, la musgosidad de los mares, las sábanas
de la desnudez, indagar en las profundidades de
tus ojos me acerca a la miel del océano. Hun-
dirme y perderme en la niebla de tus bosques,
atravesados nuestros cuerpos desnudos por do-
radas flechas del sol, pisando descalzos por ve-
redas verdes de helechos e hinojos. Escribirte
en la piel los versos del anhelo. Romper las ca-
denas de la esclavitud, de los miedos

Cuando te veo, arden en el fuego mis deseos
de decirte cada día eres más bella, el ruido he-
rrumbroso como avispero de muelles astillados
y los miedos me lo impiden, ola azul abierta al
viento del sol eres para mis ojos, desacostum-
brados a la luz. Oleaje con espuma de besos que
maúlla ojos azules, me invita seductor a pasear

por los paisajes de la opiácea desnudez que te vislumbro. Como brisa, mi sed de ti me acompaña en soleada tarde de viento gimiente, rumoreando entre las secas grietas la humedad de tu nombre desnudo, subiendo la marea, agitada como el deseo en el sueño

Mis sueños no son de este mundo

La luna se mueve por entre las nubes quietas,
un halo naranja de lluvia la envuelve,
trémulas heridas de luz hienden la espesura
gris de las nubes,
se agita el aire en el oscuro azul, azur lluvioso
                              [del horizonte.
Cautivador, me llega el sabor del mar.
Me habla de ti

El tiempo voló, se fue lejos, y yo no lo supe
hasta que se hizo el silencio,
silencio que sonó como chasquido de rama
                              [seca,
como estallido de gota de agua rompiéndose
en el duro suelo.
La sed quema todo, ciega la luz

No hay día que no te nombre, que no te escriba,
que no deje de buscarte

Fue algo, un gesto, una brizna de brisa,
un ligero soplo del azar,

un destino impensado, como un relampagueo
de pájaros, lo inexplicable,
un alboroto de los sentidos, la primera mirada.
Desde entonces no dejan de buscarse y cuando
de tiempo en tiempo se encuentran,
se enmarañan y se enredan en vuelos
y navegaciones fuera del mundo,
una tibieza azul, desnuda, sensible como piel,
me envuelve, me embarga y me lleva
por paraísos terrenales de tu esencia y tu
                                    [cuerpo,
donde mis sueños se alimentan mirándote,
dejándolos volar carnales y silenciosos
por tu mirada, por tus gestos,
por las briznas de brisa que me regalas,
dándome un todo de caudales de mágicos
                                    [sueños

¿Por qué la tristeza se aviene tan dócil
a las penumbras del atardecer?
Suena un piano en alguna parte. Tiene
dientes de frío mármol, cálida su voz.
Es cuando más añoro las tardes de oro
con la música de mar arrullando embrujos,
la parsimonia de las noches de verano
fumando en la acera, bajo la farola,
ascendiendo a mis ojos el olor húmedo de la
                                    [oscuridad.
¿Ahora pasearías conmigo por las barandas
herrumbrosas de una tarde tardía?

A veces, como esta noche, el poema se pone
triste, teclas frías de los dedos
sobre la mesa, observando desde cerca
la tapa oscura del diario,
es un azul de melancolías.
Lo abro con la ternura del beso y te escribo
que suena un piano.
Tiene carnales dientes de lobo de mar

Es búsqueda de lo que no existe. Lo que existe
[ya fue

Este diario del poema es una historia de
amor, o quemada en el incendio, la historia de
una vida. Nace con el descubrimiento de la luz.
Acabará con el descubrimiento de la luz. Pero
esta historia, salvada de las llamas, no morirá.
Como partícula insignificante, pero partícula,
ya no dejará de formar parte de la inmensidad.
Tú no lo sabes, pero me has descubierto, has de-
rribado los muros de la mortandad, del vacío sin
la vida. Ya soy cenizas o el náufrago de tu mar.
Travesía interminable. Hay quien lo llama
huida, hay quien lo llama amor. El diario del
poema soy yo, quien te busca. Encuéntrame

Acostumbra el diario del poema a contem-
plar las tardes desde la proa de barco que es la
casa, viendo el regreso de las gaviotas rozando
las alas del ocaso, hora en que todo es vuelo que

regresa, trae tibiezas, un dolor callado, nostalgias de tardes jóvenes gateando sobre las rocas musgosas de los charcos, ahora sepultadas por el cemento gris de las tristezas. Vida enterrada que no regresará, como si la niñez se hubiese ido para siempre. En aquellos tiempos escribía tu nombre en la arena, ahora lo escribo en el diario con temblor de adolescencia. Quiero rescatarme de la muerte, tu nombre son las alas de la vida que regresa, rozándose con las gaviotas en el ocaso

Escribo tu nombre y se produce el sortilegio,
apareces por la asomada de los sueños,
brillan tus ojos como océano al sol,
brilla verde el musgo en las rocas, negras como
[bocas,
brillan las libélulas de tu piel.
Por la asomada de los sueños
apareces radiante como pájaro sobre las olas,
como motivo de la espera,
luz de mi mundo imaginario,
vienes y me acompañas por los versos
desnudos del poema

Los climas de ahora son secos porque
[solitarios,
despoblados del jolgorio de las charcas
y los charcos al solajero,
de los cañaverales, de las palmeras
rebosantes de dátiles,

de los árboles de la plaza, los fértiles campos
                              [despoblados,
existía la gente que los trabajaba porque
amaba el sabor de la tierra,
existían los gorriones, entraban en casa
siguiendo la estela de la luz,
transparente como un adiós por
aquel entonces invencible,
los geranios resistían la sed y ahora mueren
quemados por el veneno del aire,
nos quieren matar antes de morirnos, nos
pisotean porque nos temen,
saben de la flor de la escritura, de la mujer
en armas, de la paciente espera.
La mar de leva sonríe espumas, la orilla le
pertenece, la reclama. Soy lo que me queda.
El deseo infinito de poseernos como macho y
hembra en vértigo de estrellas

¡Ah, escritura que se deja ir, llevada por las
                              [olas
de la más exquisita locura del desearte más
                              [impuro!

Qué importa la noticia del no, importa la
sabiduría del sí, te deseo,
desparramándose como lluvia por las páginas
secas del diario del poema

Largo quiere ser el verso como larga estancia
en tu cuerpo,
que roce lo infinito del éxtasis, la piel
sonrosada de los humedales.
Largo como astilla del fuego horadando
los abismos de tus océanos.
Verso largo llegue a los confines de tus
territorios, donde se desangra el agua,
lento y largo como un gesto al aire, extenso
como sábanas nocturnas
plagadas de estrellas, donde tendida tu
desnudez inmensa, abierta a la luna.
Larga lengua de verso plagada de abejas
para las flores carnales de tu cuerpo,
interminable verso con todas las palabras
frutales de tus edenes,
serpiente resbaladiza en busca de tu lengua
donde habita la lluvia.
Largo, explayado verso, enredándose en los
trigales de tus playas de miel y lava
queriendo ser carne de mi cuerpo, lujuria en
tu cuerpo, un cigarro bajo las parras,
saboreando el vino del sol yéndose al refugio
del mar, racimos de frutas en el aire,
carnalidad del buscarte siguiendo las huellas
del largo verso que sediento, harapiento
y hambriento, te busca

Alborotado, se cree verano el invierno

Un frío que ya no recordaba ha venido a instalarse en mis huesos, uniéndose cómplice con los fríos huesos del alma. Así más desgarra el acerado dolor del frío. Un frío que solo habita en la oscuridad y en los grises de los días. Al amor no hay que temerlo, solamente hay que amarlo. Así me abrigo, pensándote, dibujándote en el diario del poema. Pero aterido tiembla mi cuerpo, tiembla el mundo, tiembla el acantilado mordido por el oleaje, en hoguera me tiemblan los latidos que te escriben

Ayer fue luna llena y anoche fue el fuego,
hoguera del deseo ardiendo en la redondez
                                        [del frío

Luz de verano en tus ojos, palidez de otoño
en mis huesos

Quiere llover, pero la tierra llora para adentro,
así mis lágrimas. La sed desangra, solo deja
la piel y los huesos,
así de los sueños quedan los pellejos, de las
risas las arrugas muertas.
Quiere caer agua como un recuerdo, pero
envenenadas las nubes, las siembras.
Quiere llover y traer de vuelta el beso,
la belleza del beso,
pero quitada la memoria queda el desierto,
el peso de las ruinas, del exterminio.

Después del infierno vendrá el cielo, donde
solo residirán los muertos.
Por eso, ven, tomemos el vino que nos queda,
la mirada que nos falta.
Amarte es la confirmación de la tristeza, de
la vida robada por los buenos.
Al menos, quédate conmigo en este instante
en que me lees,
luego el olvido será sabio, me llevará por sus
atajos al destierro

Duele este dolor de quererte
que trae la brisa y trae el encantamiento
duele como el beso querido y no besado
duele esta sonrisa de dolor malherido
esta dulzura de dolerme.
Estoy vivo

Ahora estoy fuera, no estoy en mi cuerpo, es-
toy en el diario. No vengas, porque si vienes
quedarás atrapada en las telarañas de las pági-
nas para siempre, serías mi amor eterno. Por eso
no vengas, quédate en la orilla, mirando el dia-
rio. Como yo lo miro

Ven, quédate en la orilla, pero ven, mirarte
la mirada un instante,
llenarme de lo eterno que da la lumbre,
contemplar en suspiro los paisajes de la
[cxuberancia,
ven, no pises en los charcos resbaladizos,

con musgo en las rocas,
quédate en la orilla, pero ven,
que me salpiquen las olas de tus ojos,
que sea cierta el agua del salitre, la atmósfera
de un beso

Me propongo besarte las carnes del alma,
el alma de tus carnes,
no llegaré, no llegaré seguramente, pero
                                    [recuerda,
solo soy la fanática búsqueda embarcada en el
                                    [poema,
mas quítale las cadenas al puerto,
que naveguen libres las barcazas de los sueños,
deja abiertas las fronteras del encuentro,
que prosiga la larga y procelosa travesía del
                                    [verso,
surcando olas en el océano como mar de tu
                                    [cuerpo,
elevándose con el salitre del aire
en busca de las flores húmedas de tus besos

El cigarro encendido entre los dedos, en los
labios, hecho cenizas y escombros en el ceni-
cero, un vaso de vino, la mirada como triste, bus-
cándote en el horizonte del diario del poema.
Ese soy yo

La plaza vacía, llena de gente. El viento no se
                                    [sienta,
se mueve inquieto entre los tarajales, como yo.
Quiere verte

Quiero la libertad del agua
y así quererte

Desde lo inaccesible, quererte,
asirme al hilo frágil de la vida y quererte,
te hablo de la infame y mística lujuria del
                                    [deseo,
adentrarme en lo más adentro de tu cuerpo,
adonde solo llegan los sentidos,
las parálisis del tiempo,
donde ha de nacer la raíz del agua,
el origen de la vida,
te hablo de la misteriosa magia de
confirmarme en tu materia,
pero desde lo inaccesible quererte,
abiertamente

¿Cuál es la verdad de un sentimiento,
cuántos bosques de matorrales lo cubren, lo
                                    [ocultan,
lo desmienten?

¡Cómo de poderosa tu luz, que atraviesa mis
                                    [oscuridades,
deshojándolas!

¿Caminamos hacia atrás?

Las preguntas del diario del poema son afir-
maciones, ¿me lees?, las dudas se reafirman en
sus preguntas, no sé cómo llegarte. Como venido

de otro mundo, encapotado el clima. Armado el horizonte de espesas y grises nubes gruesas, trae añoranzas de húmedas y frías alas grises donde bajo la lluvia se cobijaban los abrazos, sabores del salitre y de las carnes cálidas, trémulas, desnudas bajo las ropas mojadas. Llover es pasado, magia de mundo antiguo. Desearte es eco renacido del pasado, magia de mundo antiguo venido a este mundo para saberte. La llovizna remueve las flores del incienso, aromas que regresan y remueven los sentidos, embruma, agita las alas de las sensaciones, desconocidas, nunca sentidas en este mundo nuevo o regresado. ¿Desearte es un regreso? Las dudas se desvanecen, las raíces del deseo se extienden, me envuelven en su textura de promisorios, quizás ingenuos vuelos. Desde la oscuridad, como eco, se refleja en el espejo la realidad vieja de este mundo nuevo en el que me encuentro

El gris es una edad, de cuando ya mortecinas las ilusiones. Son sabios los huesos,
dejan de sostenerme, me abandonan cansados de mis pesos, de mis plumas de plomo. El gris es frío, como niebla de cumbres y con edad de bosque de árbol viejo,
permanecerán los silencios, ahí plantarán sus raíces los versos del hambre.
Los años jóvenes pertenecen a la vida,
¿adónde se fueron los otros años?

¿Siguen errantes, signos extraños como
senderos en las grietas de los silencios?
Amor es el gris que queda, como sangre seca
la rojiza herrumbre en los hierros vencidos
del muelle abandonado,
el banco roto, caído, entre los rastrojos del
patio. Aquí te sueño

Quiero volver a nacer para volver a buscarte

Es dulce la tristeza si pienso en ti,
amarga como un adiós

El diario del poema no es más que una
declaración de amor,
por la libertad de la vida sin jaulas ni cadenas,
por la visionaria lujuria de tu cuerpo sin
                              [vestiduras,
por tu mano alargando las alas en el aire
buscando el roce de mi mano.
Ahí nos hicimos el amor, en el instante del
                              [gesto,
ya eterno

Pesa más una soledad vacía que la ligera
soledad que flota libre, llena de nadas

El canto es triste si gobiernan los grises,
se apaga el canto de los pájaros
si entristecida la luz.

Pensar en ti se hace un lejano cuento de
hadas, de tarde de sol regada de frutas,
la distancia se mide por tristezas a cada paso
[que camino.
La caminata es fría con viento gélido venido
de la oscuridad.
Un dolor en un recuerdo, en cada piedra que
piso, en cada rama partida.
La lluvia, maltratada y envejecida, apenas si
llega al suelo, apenas si beso.
Quisiera lloverte en tus jardines, en los
árboles de tus bosques,
pero aquí el silencio es la sequedad fría del
viento, aúlla destierros

Me asomo a la ventana, aspiro el aire frío de
[la noche,
su sabor a salitre, miro el rumor de la marea,
[te veo,
motivo y materia del diario del poema

Estos dolores en los huesos es una advertencia
de la célere vejez que se acerca

Una pregunta exiliada navega huérfana
por las profundidades del universo

Cosquilleos de mariposas en el vientre
del diario del poema

No quiero la sobriedad en la poesía, basta en
mí. En la escritura quiero lo ebrio.
En lo más afuera y en lo más adentro
del diario del poema
Ha de ser exuberancia, en el dolor y en la
húmeda alegría del beso imaginado,
en la tristeza caminando ruinas y en la
lujuria de verte y ya queriendo desnudarte.
No sobria la poesía, ebria, bebiendo
de los surcos secos,
de los manjares de tus bosques húmedos.
¡Plenitud, exuberancia!
La sobriedad para los huidores de la esencia
de los sentidos, de las raíces de la vida,
¡exuberante la poesía que me visita y se
queda!, exuberante la sed que me devora,
las lluvias de tus bocas vertiéndose en mi
                                 [escritura,
exuberancia del vuelo y la tristeza

Exuberancia de tu mirada que no me mira,
¡ah, suspiro de verla con mis ojos!,
luz de otros mundos, se aleja con las olas,
regresa cuando la luz desvela
lo cierto desconocido, la soledad que camina
rumbo a la nada,
espesura de silencios alejándose dentro de la
                                 [bruma.
Y exuberante me traigo a casa la desnudez
de tu nuca,
las lunas que te brillan en la boca. Exuberante
lo escribo en las profundidades de la noche,

¡ah, suspiro del deseo!
Dibujando el sueño de la exuberancia
de tu mirada mirándome

La belleza es antigua. Por eso me recuerdas
a que vivir es recordar.
Te vivo o te presiento porque te recuerdo.
Aquí, dentro del diario.
Es porque así fue. Te deseo porque me
regresas al primer deseo,
a lo desconocido que desconozco y que siempre
                                        [deseé.
Te reconocí nada más verte, en los confines del
                                        [tiempo.
Te reconozco ahora, sin saberte, sabiendo que
el regreso regresa
desde el recuerdo del primer deseo

Vives porque recuerdas,
yo quiero recordarme en tus brazos

Viento frío de la madrugada rasga la fina tela
                                        [del silencio,
penetra por las grietas, abiertas heridas
de sed del sueño,
como porcelana, con el ruido tenebroso
de las oscuridades,
se rompe el hechizo de estar a tu lado.
Muerde hasta los huesos con su voz rota,
afilada, mientras te escribo
aun con el sabor en los labios de tus palabras
                                        [de miel,

aun navegando por tus atmósferas de mareas
[cálidas,
aún incierto en el temblor de buscarte.
Viento que se lleva en sus brazos áridos,
armados de frío,
los versos que no sé retenerte, donde arden en
[llamas
los deseos del alma, los deseos del cuerpo,
la carne de los sentidos

Desde lo lejano de los tejados de aquellos
tiempos, te escribo,
escribo lo que el sueño quiere soñar
en las regiones de tu cuerpo

Le hice un jeito a la vida, de cuando el
derrumbe de la existencia,
la engañé,
me dio por muerto

Deseo verte como la tierra desea la lluvia,
como el árbol los frutos,
así con mis ojos contemplar tu esencia,
palpar con la mirada tus regiones de pájaros.
Deseo verte como la orilla desea el beso
de la ola con la arena,
la luz la desnudez, el deseo la piel de los labios,
mirarte con todos los sentidos, eternizar el
[instante,
hacerlo verso en las madrugadas que susurren
[silencios,

así verte porque en el deseo mirarte,
como la desnudez la noche,
la sed el agua

Los vientos cortos de febrero se extienden
por la luna de marzo,
horadan fieros en el aire, secos como el frío,
huérfanos buscan la primavera

Extraño aquel mundo extraño de la infancia,
caminando por encima y por entre la niebla,
nunca por debajo, nunca la tierra fue suelo
                                    [firme,
aquél mundo extraño, donde nunca certeza,
                              [complicidad,
lo extraño como si no lo hubiera vivido

Me abrigo en el soñarte,
en la apacible tristeza vagando por las gruesas
                                    [nubes.
No rompe el llanto de la lluvia

Melancolía de tus ojos, con la mar de leva,
apenas lluvia crea atmósfera de niebla,
fina seda del agua humedece la tristeza,
se refugian las gaviotas en los acantilados,
los pájaros en los árboles,
mis ojos en melancolía de tus ojos, con la mar
[de leva

Idealizados sueños materializados en el
diario, derrumbe de lo real,
mundo en que la belleza quiere ser aplastada,
sometida, cambiada por el rostro amorfo de
la nada, imperio de lo maligno,
salva la nobleza que se resiste a morir,
su espíritu corpóreo,
tu mirada salvadora aunque nunca lo sepas,
que me encuentra y me salva
cuando ya las fuerzas me flaquean.
Belleza del mirarte me confirma que el éxtasis
                                    [existe,
que los sueños salvan

Escucho en el rumor de la marea
aquella música que arañaba en la piel
mientras mis ojos te desnudaban

El tiempo se me escurre entre los dedos, se
aleja de mí, lo compruebo a diario en el diario
del poema, leo lo del día anterior y lo escrito ya
pertenece a un tiempo antiguo donde yo no es-
toy, ¿estoy en otro tiempo, donde es el tiempo
detenido? O simplemente me voy quedando sin
tiempo, sin hebras del tiempo para entrelazar-
las con mis dedos

La muerte se me va hacia dentro, desde
dentro se me viene,
se producirá el encuentro en el delgado hilo
rojo donde el todo es nada,

en esa orilla que he palpado tantas veces,
¡tantas muertes!,
y donde nunca estuve. Se consumará
la eternidad del vacío,
la muerte de lo que fui, la vida de lo que no he
[sido.
En alguna parte de tu mundo, entre rosales
y malas hierbas,
bajo la serenada y el solajero, guarecerás un
rincón para mi olvido.
Quizás alguna tarde solitaria,
donde columpiándose las nostalgias,
te sientes conmigo en el derrengado banco de
[la plaza,
mirando cómo caen lágrimas rojas,
encendidas, en el océano vivo,
anunciando la oscura noche estrellada.
En noches como esa, quise palpitar contigo

De vez en cuando, quizás a menudo, vengo
aquí, adonde me hundía en tu mirada. Bebo cer-
veza, enciendo un cigarro. Cuando me regreso
de la nada sin verte, te evoco dentro del diario,
donde escribirte son racimos ensangrentados de
emociones, imágenes vivas que palpitan en las
palabras, reales y carnales como el deseo que
anida en mis huesos, en mis carnes

El amor no envejece, solo se aleja de lo
acabado. Va a la vida.
Lo viejo se queda, hundiéndose en la nada

Tampoco envejecen los sueños, solamente los
[huesos,
se quiebran, se deshacen,
la memoria se desvanece,
encerrada frágil en la cárcel de mi cuerpo

¡Ay, pobre poeta, que no eres más que un in-
significante mendigo, ignorado, ausente de las
glorias de las compañas, que te alimentas de las
escasas palabras que logras capturar en la nada
y de las que se les caen, como al descuido y como
migajas de sus religiosas compasivas miradas, a
los triunfantes caminadores del mundo! Nada se
salva, más que la fruta de una sonrisa, el júbilo,
aunque herido de muerte, de la naturaleza. El
árbol frutal de tu sonrisa, el júbilo de las aves
de tus bosques. El poeta no se salva, no quiere
salvarse, herido de vida, ingenuo, infante, no
deja de dibujarte en el diario del poema, te-
jiendo la revolución única posible, la del amor,
el júbilo en fiebre de amarte

Se me agota el cuaderno del diario, le esca-
sean las páginas, agotadas en sus desvaríos, en
sus palabras emborronadas repetidas una y otra
vez desafiando al destino, pero no puedo dejar
que se agoten sus clamores de rebelión, las lla-
mas del deseo, su latido de emociones, he de sa-
lir, rozando el alba, a buscar de crecerlo y ali-
mentarlo, buscándole raíces donde el campo

envejeciendo, en los sepultados caminos de tie-
rra, donde quede una azada, un sudor pobre,
donde las flores con abejas, donde los chapoteos
de los charcos, en los murmullos de los olas, en
los bosques de las nubes, entre la niebla de los
bosques, arañando en los acantilados, en el sali-
tre que besa tus labios, donde me encontraba
con la brisa de tus ojos, con la miel de tu mirada

El azur del horizonte anuncia lluvia de
                                    [atardecer.
En la noche, en el diario del poema, la lluvia,
posándose salvadora,
será besos de tus besos

Tristeza es la palabra que se esconde en la
niebla, es vieja como el origen, o más vieja, más
de antes, más antigua que las ruinas de la aldea,
que la brisa aterida del amanecer. En el diario
del poema, a lo lejos, dentro de la niebla, parpa-
dean trémulas las llamas de una hoguera

Dentro de este viento gris, desangelado,
con lluvia que quiere llover,
son grises los pájaros. Pensarte me da calor de
                                    [azules,
de abejas y mariposas

La inesperada, por hermosa belleza por no
decir deseada, lluvia del verte,

de cómo en la magia del viejo deseo más
adolescente, desbordado
por los vientos alisios de la sed más sedienta,
impuro, indecente,
la quietud de la brisa se detiene en las
miradas que no se miran,
en el aleteo inquieto de decírtelo, del querer
                                        [quererte,
como aleteos de mariposas resbalando
por los desnudos vientres,
alejándome silencioso porque la vida te
                                        [pertenece,
pero incapaz, débil, frágil como la yerba con el
                                        [viento,
de no decírtelo dentro de este silencio: amo
este dulce desearte y quererte

La soledad no es pobre,
es pobre quien no conoce la soledad

Con los años, he ido aprendiendo de los
                                        [silencios:
he de saber ser silencio, fundirme en él

Me abunda la tristeza

El poderoso deseo, indetenible, de estar con-
tigo, sabiendo que el después de estar contigo,
si ocurriese la magia, sería más dolor, más sole-
dad, deseando con mayor ferocidad, con más

hambre de realidad, fanático, con la furia des-
encadenada de los sentidos, ser y estar contigo

Pensarte es esta lluvia delicada sin viento, ji-
rones azules sobre el horizonte, bruma de cum-
bres, como de sueños, ¡ah, velado cortinaje que
me separa de la pálida realidad cierta!, brilla el
verde, latidos revoloteando en el rumor del mar,
la tierra húmeda desprende olores del desnudo
y húmedo pensarte, como de sueños

Una luz impronta, azulínea, como si después
de siglos de oscuridad amaneciera con un azul
transparente, con la brisa justa de una suave ca-
ricia, hace liviandad de vuelo del peso del
cuerpo, euforia lúcida del simple gesto del pen-
samiento de pensarte. Como la uva al vino, verte
es respirar, el descubrimiento de lo que amanece

No me quiero dormir, quiero esta somnolen-
cia blanquecina, opio de la noche con sus dedos
amorfos, blandos como las carnes de la transpa-
rencia, casi rozando la piel en neblinas del
sueño, como murallas fijándome en el tiempo,
no dejándome en ninguna de las dos partes, el
cuerpo vencido, sin fuerzas, la otra orilla, la del
sueño, que seduce con imágenes resplande-
ciendo en la niebla de una hoguera. No me
quiero dormir, quiero esta somnolencia, mi-
rando el movimiento lento de las manos, como

dos cuerpos desprendidos de mí, con alas inde-
pendientes, mirando cómo en torpeza adormi-
lada escriben palabras que dibujan pájaros
para tus labios. Quedarme así, en estatura invi-
sible, placidez de escribirte, quedarme así siem-
pre, contigo

Me abrigo, salgo al sol de la noche, se mueve
un viento quieto, frío de serenada. Camino la ca-
lle con los pies descalzos de la oscuridad, las
uvas y los mirlos duermen, duerme la noche,
suavemente mecida en la orilla con la canción
de la bajamar, el sol de la noche parpadea, bri-
lla como un faro en el cabo de la costa. Me siento
bajo el laurel, sus hojas son corales de plata lu-
nar. Pienso en la muerte porque pienso en el
amor. ¡Cuántos años han pasado y permanezco
aquí! Como si la espera tuviera tiempo de regre-
sar. Miro cómo las nubes pasan ligeras sin
verme. Son nubes de soledad. Pienso en la vida
porque pienso en ti.

De regreso a casa, abrazado al frío bajo el sol
de la noche, en el diario, descalzo dentro de la
oscuridad, escribo tu nombre, lo beso. El sueño
es real

Dentro de la noche. Escribiéndote.
Suena a barco el rumor del mar.
¡Ah, olor hembra de mujer!

Incapaz de verme, me atrevo a desearte.

Ciego en mi mundo, tu luz me ciega. La busco.
¡Que me ciegue la feroz luz del latido,
no la luz de la nada!
Camino oscuridades, pensarte me alumbra el
[camino.
Nunca te hablé de lo voluble del tiempo,
de sus espirales caprichosas jugando al
[desatino.
Pero sacude las alas, remonta vuelo como el
[pecado.
Guía a mi ceguera a cegarme en tus ojos

Amanece con la seda impúdica de un sueño
[deshabitado,
amanecer respira rumores de perezas
muertas y garzas azules, llámalas tristezas,
quizás en la noche te escribí versos con piel de
[melocotones,
desnudos como amapolas de fuego,
quizás estuve por tus lunas desflorando
labios de flores sonrosadas,
o fue la noche con su seda impúdica de
[suavidades,
abierta a las trémulas estrellas,
que te trajo al susurro de la escritura,
impúdicamente sedosa y desnuda

Era la venta de la aldea,
era el suelo cubierto por la piel sedosa y
resbaladiza de los manises,

por las cáscaras de los chochos, el serrín, por
las colillas de los cigarros,
era el olor puro a tabaco de picadura y a ron de
[caña,
eran las voces roncas y rudas, era la dulzura de
[madre,
era su mar de calmas apaciguando los oleajes,
eran historias y leyendas que yo recolectaba
desde silencios oscuros,
era la nobleza bruta ondeando sus banderas
[protectoras,
la cachimba, el bastón, el sombrero, la boina,
en una esquina el hombre del saco,
era donde quedaban las soledades para
[acompañarse,
era el dominó, el tute, el envite, el ajedrez en
[un rincón,
era la ebriedad de los olores que manaban de
[la cocina,
las miradas sinceras que protegían
las tristezas, las penurias,
eran las manos, calladamente dispuestas,
ramas secas, agrietadas,
hechas para la mar y la tierra,
era una infancia asustada que lánguida
y tristemente se iba,
como el mundo, como la aldea

El cuchillo afilado
de mi oscuro desearte
me ha sajado las carnes,
sangro, ¡estoy vivo!

Confundido entre la niebla, atravieso
profundas oscuridades, profundos silencios,
para alcanzar a verte, voluptuosidad del
                              [contemplarte.
Instante que amo, que hago eterno en el
                              [poema.
Luego, dentro de la niebla, te miro
en las palabras escritas,
desando el camino, palpo tu esencia.
Como marea, las olas de los versos, náufragas,
como si tu cuerpo, navegan por las arenas
movedizas de los sueños

Estoy lleno de muertes pero me habita la vida.
Cuando hace viento, bajo a la costa, y allí,
bajo el acantilado,
emerge ella de entre la espuma de las olas

El calor del vino trae el frío de la soledad,
pero abriga su compañía clandestina,
gélida calidez de la ebriedad,
es cuando se sabe que el dolor vino para no
                              [irse,
herida de lo vivo, surtidor de la orfandad

Es clima de primavera, revoltijo de nostalgias,
grises rompiendo la luz azul del verde
desteñido por la sed,
desgarros de viento venido del poniente,
venido del norte,
los alisios deshilachados

La escritura quiere abrirse, volar,
pero los buitres sobrevuelan

Es niebla de tristezas,
no veo tu mirada

¿Existe lo útil? Inútil saberlo

La sombra encorvada del hombre viejo
lentamente camina por la pared tambaleante
de la ermita en ruinas,
al menos eso dibuja en la oscuridad de la noche
la amarillenta luz de velatorio de la farola rota

Frecuentemente dejo de mirar al mundo
porque te miro a ti,
así como la luz de la primavera no me deja ver
la luz de las flores,
la risa de la niña la hoz entre la hierba

Nunca les des la espalda, como a tu sombra,
protégete siempre de los soldados de las
                                    [religiones

No hay dos palabras más entrelazadas entre
ellas que nunca siempre.
siempre nunca nunca siempre siempre nunca,
eslabones sucesivamente repetidos en la
interminable cadena del tiempo

Soy búsqueda. Buscador de lo inconfesable.
De la fruta prohibida.
Tu miel de mar

Lo perdido y lo no tenido confluyen en la
misma orilla. Misma niebla ensalitrada los en-
vuelve, mismo rumor se confunde entre las rocas,
chapoteando ausencias en la boca de los sueños.
O son recuerdos no encontrados. Todos los versos
están aquí, aquí confluyen, pero ¿cómo escribir-
los, dónde la magia de la visión para traerte, ima-
gen y cuerpo, a la escritura? Pienso en ti. Poder
infinito de lo inexplicable hace que te vea y te
sienta palpitar en cada partícula del universo, en
cada palabra que escribo.

Me asomo a mirarte,
oscura la noche. Oscuro y lascivo el deseo.
Desnuda en el verso, siempre desnuda,
tiembla un vuelo nocturno
como roces de los labios, húmedos, desnudos

Como si viniera de ninguna parte, a ninguna
parte me dirijo. Es cierto que todos los caminos
llevan hacia adentro, hacia el vacío. Pero en la
búsqueda están todos los prodigios, los que hie-
ren y los que salvan, los que hunden y elevan,
quizás misma flecha, mismo destino. ¿Adónde
me fui, cuando me fui a la nada? ¿En qué burbuja
de aire quedaron atrapados mis silencios, mis pa-
labras, en qué insignificante inmensidad, en qué

desconocidas dimensiones de tu mirada? Quedará la flecha solitaria tendida en la arena, como osamenta de lo que fue carne del pecado, testigo mudo del deseo interminable. La escritura

La vida te va a doler, pero por muy escasas que sean, saborea con deleite y sabiendo de su finitud, cada gota de miel que gotee por las grietas amargas del camino. Detén el tiempo en esos instantes irrepetibles, guarécelos de los temporales, y hazlos caudal para la sed interminable del viaje que será inacabado. Así como en el diario del poema, pinceladas de brisa venidas del océano me traen aromas de donde tus abejas

Salgo a la calle, estrecha, larga y lóbrega,
oscura como un cuartel,
noche, viento, y lluvia se han puesto de
acuerdo en también salir a la calle,
mirando con los ojos de los sentidos para ver
si es cierto
que la vida está fría, desamparada, como yo,
como los océanos.
Más fría que los silencios que me azotan el
[rostro,
zarandean lo que me queda de cuerpo,
los débiles huesos.
Pero aunque a duras penas, camino la calle
con mis compañeros de viaje,
agarrándome a los salientes del viento.

En un rincón agazapado, un cuerpo encorvado
como palo viejo
se abraza al tibio calor de una pequeña
hoguera. ¡Hay latido, la vida respira!
Me abrazo al frío, de regreso a casa con mis
compañeros de viaje

Ateridos los versos
buscan el refugio cómplice de lo soñado
y de lo apenas vivido,
buscan buscarte en la búsqueda,
¿de qué árbol del bosque es la madera de mis
                                    [huesos,
la rugosa y fina tela donde ha de verterse
el diario del poema?

Si las páginas del cuaderno no tuvieran tér-
mino, el diario del poema sería interminable,
como interminable será su camino en tu búsqueda

La primera vez que vi el mar, ya de antes me
había llegado el terciopelo con sabor a salitre de
su rumor, y no me asustó, al contrario, nada más
familiar, más mío, su arrorró de arrullo,
    porque yo venía del mar de mi madre y por
vez primera me encontraba con la madre de mi
mar.
    Ya nos conocíamos de antiguo, aunque nos
quedásemos embelesados mirándonos:
el cordón umbilical nos había tenido unidos
para evitar el naufragio,

y desde entonces, roto el cordón umbilical,
soy náufrago en mis dos mares,
misma sensación de soledad ante la luz del
mundo, desprendido del origen

En esta mañana de un marzo desinquieto,
cuando es frío de invierno metido en la prima-
vera, aullando viento del poniente con afiladas
astillas como colmillos, el gris gélido de la tris-
teza no me deja ver el brillo de las flores de tus
ojos, aprisionado por gruesas nubes de lluvia el
azul del horizonte, húmedo en la tierra, dentro de
la niebla, el verde que te anhela. Desde la infan-
cia ya me lo dijeron los viejos de la aldea, a in-
vierno seco, primavera revuelta. ¡Oh, luz de tu
mirada, ávido, en fiebre de la sed, quiero verte!
En estas páginas en blanco del diario, desoladas
y desérticas, rugosidades pálidas y viejas del ár-
bol, me propongo escribirte la materia de los ver-
sos, los besos que no han sido y no fueron, los be-
sos que mis labios quieren besarte

Los sábados tienen pájaros azules en los labios,
geranios entre los dedos, el sabor del mar en
[los ojos,
instante de brisa es luz al mirarte.
Gota de miel endulza el día, sabe al beso del
[sueño,
permanece en la tarde navegando con alas de
[nostalgias
(miro en el verso la desnudez de tus playas),

tiene vuelos que desean posarse,
saben de la noche

Coralinas las selvas marinas de tu nombre,
donde por sus junglas, entre lianas y riachuelos,
mis versos merodean. Camino sobre suelos
inexistentes, me sostienen las ascuas de los in-
cendios, las nubes de las ensoñaciones, habrá un
mañana donde no existirá el presente. Solo los
muertos. Adivino el aura de los números, somos
números complejos, ilación de lo real y lo imagi-
nario, o todo sueño, todo pasado, esa pequeña
gota minúscula como sombra de la nada que di-
luye y paraliza la poquedad del tiempo, lo igno-
ramos porque asusta la liviandad del universo, la
grandiosa esfera que nos envuelve como única
célula. Tú no quieres o yo no quiero, o los dos
queremos o no queremos, la esclavitud nos enmu-
dece, así discurre la vereda del verso, partién-
dose en dos átomos del silencio, eres la parte real
de la flecha que señala la dirección del diario, su
motivo, soy el imaginario que está aquí contigo,
seducido por la magia de tu esencia, el por qué
ya no existe, solo existe aquél tiempo que aún no
ha venido. Y cuestión de tiempo será la noticia
de que no existimos, de que ya no existimos, por-
que elegimos ser libres, cada uno en su tiempo,
atados a los miedos de que nacemos y morimos:
renunciamos porque asusta liberar el mundo:
cuesta la vida: es el precio por amarla y vivirla.
Y sin amor es la muerte estando vivo. Coralinas,

hebras del musgo se deslizan por las aguas, me traen tu materia, el embrujo de saberte. No te encontraré, pero mi destino es siempre buscarte, aunque te encuentre

En este terrenal infierno mundano creado por la humanidad, he tenido la inenarrable fortuna de saber de ti. Nunca más nos sabremos. He renunciado a los mundanos cielos de la humanidad

No hay alimañas en el diario del poema, están todas fuera, caminan con dos piernas aunque gustan de arrastrarse, ufanas, dicen, de poseer el razonamiento y de dominar el mundo de los seres vivos, la naturaleza, la tierra, el aire y los océanos. Se llama a sí misma la especie elegida. Yo me vivo aquí dentro, con las armas de las palabras y donde en sueños paseo contigo, siempre alerta, siempre buscándote, aunque no me sepas, aunque en tu mundo yo sea olvido

Tu desnudez está vestida con los ropajes de mis deseos

Hay una voz en el rumor del silencio
que dice tu nombre
un susurro que quiere ser gesto
la palabra desnuda
de la flor abierta
el número exacto
del deseo infinito.

Hay una voz aquí dentro
que quiere ser boca
besarte los besos

No sabemos por qué vivimos, no sabemos por
                                    [qué morimos,
respiro porque te vivo

Se me embarullan los años,
ya no recuerdo si existen los encuentros

Llueve dentro de casa,
invierno de mis carnes y mis huesos,
soledad del frío

Azur de lluvia en el horizonte,
adonde van mis ojos navegando
en busca de los pecios de tu mirada,
amanecer de mirlos y pájaros,
delirios de albatros,
traen la luz del alba,
turba el olor de la tierra mojada,
se abre verde el lecho de la tierra,
brilla el agua en los pétalos carnales
como besos de labios,
azul de mar donde posándose el rumor

Entonces es calma en los silencios,
cuando grises y azules se trenzan
en un clima de primavera aún no despierta
o ya dormida en la memoria encubierta,

no hay viento, apenas si muerde la dentadura
                              [incipiente
o la dentadura ya desértica
de la leve brisa que el mar desprende

Frío de las cumbres baja a la costa en busca
                              [de cobijo,
me cobija

Hoy ha venido a verme un día de primavera
con el brillo de sus rocas negras
en el verde de los ojos, azul celeste el aire que
                              [lo envuelve.
En algún lugar, en alguna parte del tiempo,
hubo días así de primavera,
con los almendros en flor y el salitre arañando
en los labios,
brillando al sol la espuma blanca de las olas.
En la isla libertaria de este día, soy isla
                              [encarcelada.
Salir a buscarte por estos azules, con el frío
metido en los huesos de la carne,
es un humilde homenaje a los recuerdos,
quizás también, simple, una búsqueda de las
dimensiones por donde tú navegas

Sencillas las palabras, sencillos los versos,
sencillo el poema. Sencillo el diario de tapas vie-
jas, tiene mis años, los incontables, los que se
arraigaron y me brotaron dentro y se hicieron
viejos, por cosas de los temporales se llevaron

los árboles, los frutos de los besos, aquí perma-
nece, escuálido, sin apenas hojas, sujetándose a
las ramas secas. Espera el verso, el rayo verde
del verso que lo ilumine de presencias. Nada
más bello, nada más cierto que lo que fue pre-
sente. Nada más desierto. Sencillez de las pala-
bras tejen el verso, lentamente crean la tela-
raña del poema, telaraña a la inversa, no
aprisiona las alas, las libera, eterniza los mo-
mentos. Palabras que se abren en pétalos, ador-
mecen las tristezas, las enmudecen, con las uñas
rotas, desangrándose las ramas secas de las ma-
nos, los dedos secos, heridos por las astillas de
los sueños muertos, escarban incansables, crean
la grieta por donde la luz asoma y me deja verte

¡Ah, la delgadez de tu brisa, que te esconde
la morbidez de las carnes!

He llegado a los años en que espero, ya casi
impaciente, al sopor de las horas,
para entonces poder disfrutar las horas
horizontales de los sueños
viendo revolotear los versos, las libélulas de
la noche dibujando tu nombre

Lo que no se sabe se sabe siempre

Hay almendras verdes en los lunares de tu
                                        [cuerpo,
en las lunas de tu cuello,

flores silvestres por donde resbalan tus
[caderas,
agua de la lluvia en el descenso de tu vientre,
en los labios abiertos a la voz, a los
rumores de las olas,
al chapoteo incesante donde es el fuego
con el húmedo temblor.
Frutas sonrosadas del sabor de la miel
en tus cimas arboladas.
Hay latidos en el mar donde es la desnudez
[desnuda,
donde desnudo el deseo te recorre en sueños

Sobre la mesa, el trozo de pan alumbra como
una vela en noche oscura. Al lado, el diario del
poema, en el que se refleja la lumbre de la os-
curidad, me roe el alma como un ratón royendo
en un pedazo de queso duro. La respiración de
unas manos huesudas, pálidas como la cera de-
bido a la luz de la luna que entra por la ventana,
abriendo el diario. Nadie más. Sombras fantas-
males deslizándose por las páginas, bendiciendo
las palabras una a una, dándoles el soplo del
vuelo, la fortuna de la suerte en este mundo
donde el aire, la tierra, los mares envenenados.
Diario del poema que querrá llegar a ti ingenuo
como infancia, para que lo resguardes y lo sal-
ves en tus vuelos, caminos y navegaciones, por
el mundo

Se hace viento salvaje en la noche, entro las plantas, cierro puertas y ventanas, y como puedo, tapono las rendijas, que no aúllen los recuerdos que quedan. Sobre la mesa enciendo una vela, abro el diario, pretendiendo escribirte un poema

¿Qué hubiera sido del amor, si juntos y caóticos hubiésemos llevado la nave del mundo, qué catástrofes habrían acontecido?

En la noche, dentro de la casa, el viento azota
                                                    [los sueños,
los zarandea como hojas de otoño,
como si no me dejara llegarte.
Entonces me procuro desvelo y te escribo.
Con palabras pequeñas y silenciosas porque
con el temor de despertarte.
Brama el mar también furioso y desatado. Es
luna de bosques nublosos,
nubes espesas como abismos. El frío me
acompaña y como yo se arropa
en la calidez temblorosa de las palabras
vertidas para que estés conmigo.
Las llamas del deseo iluminan la oscuridad.
Luz de hoguera tu imagen reflejada en las
                                                    [palabras

La vida es joven, pero envejece pronto. Además, los de la cruz y la espada, los ladrones de las personas y las tierras, inventadores de la esclavitud y la desolación, procuran que no tengas tiempo siquiera para sentarte a contemplarla, mínimamente paladearla. Aquí, en el diario del poema, hay pedacitos de una vida simple y menuda, ignóralos, si quieres, pero no hagas como ellos, no los quemes

Hay un sueño incompleto en cada beso,
en cada mirada

En cada abismo hay un vuelo, pero antes, mucho antes, cuando el inicio era un amago de vuelo, era el abismo luego, y ya irrecuperable el aprendizaje del vuelo

(Nos engañamos para decirnos que estamos vivos, recuperables)

Me engaño para decirme que estoy vivo, recuperable de las cenizas, las ruinas y los escombros, irrecuperables los charcos sepultados, los campos exterminados. Morí antes de que el alba desplegara sus alas de labios y besos. Cuando lo comprendiste, volaste a otros mundos, adonde los pájaros y los hombres

Arrastrando el dolor, escribiéndote

Ruedan los días, como si nada discurriera,
de la luna hambrienta, sin el abrigo de las
[nubes,

caen en serenada lágrimas frías cubriendo la
[tierra,
desprotegida la soledad, al descubierto sus
[miserias

Pero existe el latido, la música marina de tus
[ojos,
momento menudo, excelso como revoloteo
de pájaros del mirarte,
inmensidad del instante,
de alongarme a los besos de agua que
vislumbro en tus labios,
a la magia que tu esencia desprende.
Latido que brota del impronto deseo,
despojado de los miedos dormidos,
¡ah, la materia del sueño,
avidez del beberte!

Del hospital de la mente al manicomio del
cuerpo, la distancia es una minúscula partícula
de aire, una trasparente puerta abierta, sin
puertas

El siempre siempre tiene un final, el nunca
nunca lo tiene

No duerme la voz callada, te mira.
Te recorre como descubrimiento.
Palabras mudas en rumor de marea quieren
llegarte como brisa de primavera,

deslizándose por la delicada nuca
que desnuda me mira,
como briznas del fuego atraídas por el
temblor de la humedad.
No duerme la voz callada, insomne busca
la voz de tus aguas,
donde el sol y la luna se abrazan, donde
rumoroso gime el rumor,
fiebre de las palabras silenciosas palpitan
mirándote en el sueño
o en esta verdad,
donde sensualidad de los versos resbala
[recorriéndote

El amor es una edad

Vine para vivirte, ¡ah, mundo, ah, mujer!

En el diario del poema permanecerán los si-
lencios, las oquedades de las olas contra las ro-
cas, el abismo perpetuo de lo inalcanzable, la
buscada miel de tus bocas

Días de edenes por donde deambulan los
[sueños,
tiernos como climas azules de espigas y
[amapolas,
por entre los carnosos colores frutales
del ensoñado paisaje
abren sus alas soñadoras y navegan en tu
[busca.

Días con el sabor de las añoranzas despliegan
                                         [las velas
alejando los confusos miedos a oscuras del
                                         [misterio,
júbilo del saberte desaloja las tristezas,
cubre de mariposas y abejas
los desiertos por los que caminan mis huesos
y los restos de mis carnes,
llevan prendidos en los labios como promesa
de luz y agua
mis sueños de verte
antes de que oscurezca y el tiempo se aleje

Tu nombre es fruta en mi boca,
¿cómo tus labios, cómo tu boca,
cómo la fruta que mis labios invocan?
Palpé, tu mirada, tu sonrisa húmeda,
sabores del paraíso, fue en el sueño,
¿cómo en la hora despierta,
en el umbral de lo cierto?
Tu nombre, racimo de letras jugosas
rotundas de la uva de la embriaguez,
fue en el sueño, ¿cómo en la materia del
                                         [tiempo,
en los latidos de la voz carnal y trémula?

Lo triste, apagado y abúlico,
tiene su origen en la flor más bella,
en la mirada más luminosa

Día de la primavera en la brumosa mañana,
llovizna melancólica de abril tímidamente
abriendo la flor de la tierra,
como asustada, la mar me susurra nostalgias
[del sueño,
latiendo como presencia permanece
la sensación ebria
de la boca del temblor besando la desnudez
de las uvas de tus carnes.
Quiere ser lluvia, se abra exuberante
la espesura del deseo,
¡cómo de ávida la sed del agua!
¡cómo mis labios desean tu boca!

¡Cómo de ávido de vida, de mundo libre, de
ti, el diario del poema! Se ve rotundo el con-
torno de la isla de enfrente sobre el horizonte,
isla celosa que se guarda su belleza bruja y solo
nos envía temporales de lluvia y viento, al atar-
decer será serpiente oscura, contorno de roca
negra, será lluvia, que no sea viento, cuando pa-
sen dos atardeceres, nostálgica mi avidez de
buscarte, de beber de tus aguas

No existe la bondad perfecta, somos imper-
fectos, pero por eso mismo sí existe la maldad
perfecta

Dolencias del cuerpo le traen tristezas al
[alma,
noticias de que el derrumbe de los ánimos es
[cierto,

aleja las fuerzas, abre los ojos de las distancias,
certifica lo alejado alejándose del beso,
sentado con el dolor del alma, con las tristezas
[del cuerpo,
miro las pinceladas que dibuja la brisa en el
[aire,
ternura me nace de saberte, saludo a las alas
que van a buscarte, te llevan labios de vida,
débiles gestos de mis manos rozan las palabras
de este deseo con lágrimas, sonrisa dulce del
[pensarte

Las abejas de tus caderas
como carnosas flores llaman al sol,
cayendo la tarde
con mágicos colores de hogueras
en las tejas, en los guaidiles, en los verodes,
en los muros de piedra de cantera,
en las rojizas carnes terrosas de las montañas,
en la imaginada brisa de tus ojos que añoro,
cayendo en incendio la tarde sobre el océano,
abriéndose en rumor de esperas,
trayéndome de vuelta los aromas y sabores
que desprenden mis pensamientos de ti

Estela de la luna sobre las aguas
es senda que me llama
a caminarla en tu busca

A duras penas, renqueante, el dolor dolorido,
me asomo a la terraza del domingo,

tiene la misma suavidad, la misma seda su luz,
de aquellos domingos en que, pobre mendigo,
con ilusión adolescente,
bajaba a verte. Era el instante del prodigio:
tenían alas jóvenes mis años.
Con la inocencia del deseo más puro, más
                                                    [indecente,
te entregaba cuentos y versos robados
a los sueños. Tu nobleza los recogía.
A duras penas, el dolor dolorido, me siento
en la terraza del domingo,
14 de abril de 2024, donde siempre soñé te
sentaras conmigo a ver pasar las gaviotas,
a destrenzarle las vestiduras a los miedos,
a descubrir sorprendido
la desnudez de tus besos, de tu alma,
de tu cuerpo. Vivir el sueño.
Mis ojos se hunden en esta luz de seda,
deseándote las más bellas primaveras

Pensarte es mirarte,
horarios del quedarme así,
con la quieta mirada buscándote en la
desnuda quietud del paisaje

El dolor siempre regresa. Ciertamente,
nunca se había ido,
ocurre que en contadas ocasiones una gota
de miel resbala
por territorios íntimos, frágiles, desabrigados
como el frío,

y produce ebriedad efímera que falsamente lo
[duerme,
pero sátiro solo está recuperando fuerzas
a la espera del momento oportuno,
el de la calma más olvidadiza,
para de nuevo clavarse en las entrañas al rojo
vivo, con la crueldad de lo cierto.
Ingenua, desamparada, la vida,
languideciendo, desfallece

Te escribo desde esta distancia insobornable,
granítica como el diamante.
Cada día que pasa es un paso del tiempo
[alejándome,
la voz se va viendo cada vez más débil,
como si se apagara,
pero mi canto, pájaro de prosa, ala de poema,
se fortalece sabiéndote, a diario se eleva
atravesando espesuras de sueños maltrechos,
distancias férreas como el horizonte,
te busca consciente de no encontrarte,
pero ¡ay, sin tú saberlo, cómo me alivias el
[dolor!,
¡Cómo me traes la luz que necesito
para caminar a ciegas!

Vejez que te acercas y yo con pies de plomo,
ruinosos en sus ruinas,
ven en tu corcel alado, cenicientas las alas.
Vencido el futuro, las ausencias te esperan
con los brazos caídos

¿Cuándo te vas a ir, dolor? ¿Disfrutas de la
                                    [estancia,
de la débil estructura que se desmorona
a cada punzada de fuego?
¿De qué néctar he de libar para alejarte?
¿Dónde la flor
del olvido, la flor desprendida que desaloja
lo oscuro y frío?
Tu propósito es quedarte, ¿cómo
desprenderme, desalojarme?

En los árboles se anidan los silencios,
en las huellas del viento contra los acantilados,
nadie ve la sangre que resbala por los riscos,
los huesos despojados de la carne, alimento
de los buitres,
debajo de las piedras. Nadie oye el rumor
de las cosas que duelen,
la voz encadenada perdida en el bosque,
en los desiertos de las calles,
pidiendo brisa que alivie. Nadie mira adonde
la pobreza tirita de frío.
Una mujer descalza camina por la arena,
el mar se lleva las huellas,
la tristeza deriva por entre las olas

Como flor negra se abre el abismo
a la luz que ciega

La creencia ahora, en estos tiempos
de paisajes desolados,

de pájaros grises cubriendo el horizonte,
de que el dolor ha estado siempre,
más dolor ahora que cuando mis labios
                                  [sangraban
con tus besos de fuego. El adiós estaba cerca.
Había pájaros grises cubriendo la descubierta
luz en las ramas del incendio

La convalecencia del dolor lo resquebraja
                                  [todo,
lo agrieta, deforma las palabras, las imágenes,
sopor del sueño, la horizontalidad hunde,
diluye la escritura, deforma la lectura, anula,
en fiebre debilita los sentidos, enturbia la
                                  [mente,
todo es cárcel, la luz lejana, en las afueras,
dentro es fuego calenturiento que roe y
                                  [devora.
De la ligereza antigua hace mudanzas,
                                  [desvalija,
solo va dejando espesuras espesas, peso de la
                                  [nada.
Querer abrir las alas, movimiento, aviva el
                                  [quejido,
dobla más las fuerzas, los huesos, no queda
más que silencio,
silencio, más que nunca la claridad se muestra
en toda su crudeza,
un vasto y pedregoso desierto sin horizontes

Lo más difícil siempre está por llegar,
lo más fácil, por muy difícil que fuera
o pareciera, ya pasó

Cuando vengas, ven desnuda, te dicen los
                              [versos,
con las alas abiertas, dispuestas al vuelo,
ven desnuda como las amapolas con el rocío.
¿Será la tarde, temblorosa cayendo,
                              [sorprendida,
será la noche de las rosas, abiertas al polen?
¿Será esta oscuridad, solemne como el vacío,
será este silencio que te llama y te nombra,
meciéndose con las olas?
Cuando vengas, ven desnuda como ahora,
te dicen los versos, desnudándote

Las noches de los besos, fugaces como
                              [estrellas,
son barcas náufragas que se encuentran
en las soledades de los océanos

Me gusta quererte,
aquí, con mis versos, con las plantas, con los
                              [libros,
con mis gatos ausentes, con mis sueños,
con los pájaros que desgranan amaneceres,
con los rojos enrojecidos que posa el sol de la
                              [tarde
sobre los muros de cantera, sobre las manos
que te escriben,

como fresas de la carne, me gusta quererte
[aquí,
donde el aire te respira, envuelto en incienso
[y salitre,
donde mi sed se atreve, te bebe, piel de las
[abejas,
te desnuda en los versos, laten las palabras, se
[estremecen

Hola, te dicen mis deseos de verte.
Hola, le dices a mi deseo, sonriente,
¿dónde nuestros cuerpos, por qué mares
[navegan?
En tu nuca atracan mis ojos,
el instante no quiere irse, se queda
enredado en los mares azules de tus ojos.
Hola, te escriben mis deseos de verte,
como si ahora yo aquí viéndote
y el espíritu de mi cuerpo atracara en tus
[muelles

No envejecen los recuerdos,
envejece la mirada, entre nieblas.
No hablo de los recuerdos, vivo con ellos

Las nubes, gruesas como racimos de humedad,
esconden el sol, pero no pueden con las
[luminarias,
abanicos de luz, vertiéndose aquí, en esta isla
de palabras desnudas evocándote.

Es mirarte y se evapora el dolor, desaparecen
[las nubes,
brillan como gotas de lluvia, en este bosque
húmedo de silencios latiendo,
las palabras que quieren llegarte, y quedarse
así, enhebrando sueños

Soy el poeta que nació de una infancia
asustada, huidiza, el poeta de los árboles,
de los pájaros, de mis gaviotas y mis gatos,
de los libros viejos y olvidados,
el poeta de los geranios y lo pobre, el que te
escribe para acompañarte
y acompañarme cuando los silencios son
grises. Soy el poeta que no supo amar.
Descubrí lo oscuro y feroz del mundo apenas
al nacer, como isla aislado.
Me llené de preguntas abstractas, borrosas
como nadas plomizas flotando.
No han sido contestadas. Supe de la deriva
larga por nieblas espesas,
interminable la deriva ya me supe para
siempre tristeza, destierro,
desde donde te escribo. Soy el poeta que
aprendió de lo que se pierde, para caminar
por el presente, el que a solas te nombra en
lo más adentro. Adonde no llega lo cierto,
solo los encuentros, cuando en tus silencios
me recuerdas al leerme

¿Dónde el sexo de tus labios, cuando me
hablaban versos de fuego y agua,
en qué lejanas cercanías se guarecen?
¿Dónde el sexo de tus ojos, donde dejabas se
                                    [sumergieran
mis alas rotas, en qué desconocido,
profundo océano navegan?
¿Dónde el sexo de tus manos, pobladas
de pájaros y aguaceros,
dibujando en mis manos bosques y arenales
                                    [sin fronteras?
¿Dónde el sexo de tu sonrisa, carnosidad
del polen, única flor
donde libaban mis deseos, aún ebrios de sed
                                    [buscándola?
¿Dónde, en qué destino, en qué esquina
                                    [desencontrada,
los palpitantes sexos de cada poro de tu
                                    [presencia?
¿Dónde, dónde las fuerzas mágicas, poderosas,
que me lleven despojado de miedos al sexo de
                                    [tus bocas?
¿Dónde el sexo de tu voz, que me quitaba las
                                    [tristezas
y rumorosa me llevaba por los paisajes del
                                    [edén?
¿Dónde, en qué lugar del tiempo, se hará
                                    [plenitud,
carne en tu cuerpo, el sexo en fiebre de mis
                                    [versos?

Verte, para que el dolor no me duela, tu brisa
[me sustente,
sea suavidad de voz el grito que me destierra,
hacer de la leve presencia el eslabón más
fuerte, lo que se queda para siempre,
verte, me invada la imagen de recorrerte y así
traerte adonde en las palabras
me hago cuerpo, te recorro, te invado, me
sustento con el recuerdo de tan cerca verte

Se abre el día como flor sonrosada,
tiene la sonrisa dulce de las emociones,
estambres en las hilachas de las nubes,
polen desparrama sus sabores en el aire,
embriaguez del salitre.
Se abre el día, disipando los dolores,
es pájaro que inicia el vuelo,
iluminación del canto en viejo vuelo
[adolescente:
día de hechizadoras especias: voy a verte

Soy lo que me queda, huesos quebrándose,
menguándose las carnes,
palabras escritas entre las ruinas (rumorosos
los sueños en los silencios)

No sé llegarte, el tiempo es flecha veloz que
[hiere.
Que te lleguen mis palabras,
erróneas y ciertas, famélicas,
pobres en los huesos,

carnales en el sueño,
sensibles como pétalos,
deseosas de recorrerte,
quizás tampoco sepan

Soy quien no estuve,
seré el viejo enamorado, penosamente
caminando por las nubes, por entre zarzales

Es fácil y nítida la verdad, lo difícil y peligroso
[es decirla

Cómo hacer para que cambien los vientos
y me traigan alas,
los ánimos necesarios para acercarme
y besarte.
Cómo hacer que desaparezcan las nieblas
del cuerpo maltrecho, de la sed en fiebre,
¿regresar al poema,
beberte?
Cómo hacer, desbrozar al tiempo,
quitarle las cadenas a las palabras,
sus vestiduras viejas,
para acercarme a saberte

Aquí, donde el dolor es el miedo y el miedo
es no volver a verte, no volver a respirar el en-
volvente aire puro, polen desnudo de las amapo-
las, que desprende tu presencia, alimentando
de uvas y violetas, de brisa ensalitrada, la sole-
dad donde lentamente me desvanezco

Desde muy adentro, venido de un silencio sonoro entre las rocas, me brota un hilo cristalino de agua fresca resbalando por un verano, cuando te escribo. En las oscuras noches del frío, en los amaneceres que se desbordan en uvas y violetas, y se desmayan en azules dorados cayendo la tarde como si fueran cálidas frutas de tus bocas, en nostalgias venideras, en presentes ensoñados. Siempre, en cada aleteo del aire. Cuando te escribo

No me voy, siempre regreso. Cada vez que abres el diario del poema

Que se vaya el peso del dolor, pájaros de piedra que no vuelan, roen los huesos.
Que se vaya el peso del dolor, necesito los pies para seguir escribiendo

Esas cosas que pasan cuando nunca pasan, se recogen aquí en el diario del poema en pagano recogimiento, son ofrendas a los dioses del infierno, gratitudes solemnes a los labios que los deseos deshonestos me ofrecieron, a los imposibles que aquí se posan en la tierra y tienen cuerpo y ocurren, yo contigo en un mundo libre

No quiero ir más allá de donde se hunde el
[mundo

La realidad se mantiene firme y dolorosa, doloridos mis pies ya no caminan

En mis pensamientos hacia ti, se resumen y certifican los abismos y las cumbres. Tú, donde se reencarnan el júbilo y la pesadumbre, los materiales del misterio

No sé regresar, la desmemoria borra los
                                    [senderos,
anula las fuerzas, enreda y ciega los recuerdos,
miro adonde el horizonte,
reanudar el camino es el regreso

El amor habita y duerme entre las nubes,
el despertar lo baja a tierra,
cae despedazado entre las manos

Asciende agua de mar a las nubes por verticales pasadizos de griseados azules. Caerán nostalgias antiguas cuando caiga la noche. No tiene peso la desnudez del agua, son brumas de la nostalgia, hilachas de la memoria entristecida. Porque triste la fugacidad de lo eterno, de lo que es bello como descubrimiento, un estallido de frutas en el rostro de los desprevenidos sentidos que se entregan a la ofrenda sin pensar en las consecuencias advertidas. Apenas si da tiempo a rozar la sublime esencia, como lluvia en el rostro una cálida noche de verano. Apenas si alcanzo a verte entre la niebla, es solo el recuerdo que regresa con cada gota del tiempo. Apenas si estás cuando te veo, te vuelves, te regresas a tus universos, pero siempre te quedas

Se desangra lo que duele porque envejecen las tristezas, que se van posando como niebla que desmemoria sobre capas grises de cemento que fueron rocas negras vestidas de un musgo de brillos esmeraldas y bañadas lujuriosas por un mar adolescente. De antiguo, las tristezas convivían con las voces de la naturaleza, ahora no tienen materia, aisladas como escombros. La luz pertenecía al día y la noche, tenía vida propia, ahora es luz que ciega. No puede haber nada nuevo sin los andamios de lo viejo, solo sería un mundo amorfo, desprovisto de los sentidos

Hay pereza en todo idilio, como si la claridad viniera para quedarse. Pero hasta en la quietud más quieta, viene la noche. Cubierta de nubes, sin estrellas. Entendemos entonces que no sabemos caminar sin ella. Solo se puede recuperar lo que salva: salvar lo que queda del naufragio. Alimentar los sueños, renegar de los silencios que encierran y adormecen, huir de las palabras con adornos musicales que fabrican rebaños. Cuidar de lo pobre porque raíz, cultura que sostiene, lo rico empobrece. Sea hoy el romance de ayer con mañana: el latido permanece

La aldea es el gran libro de la memoria, se niega a cerrar los ojos, respira, se resiste a los embates de los emisarios de la nada. Será custodio del origen, cimientos de lo que será. Hoy es un presente callado, calladamente camina. Es

búsqueda, escarba en los olvidos que no se olvi-
dan, acechan y vigilan, desalojan los estorbos
que anulan. Tiempo de buscarte, de ir a ti. Vi-
virte porque vivir es recordar. Es por eso que
desde antes de nacer, ya te supe, ya te amaba.
Y me he venido aquí, a saberte para saberme.
La esperanza no tiene sentido sin la revolución
de amarte, de sentirte

Se desvanece el dolor si te veo, se hace brisa
ligera la espesura de la niebla,
adolescente la tristeza,
instante que me llena de bullicio de pájaros
los vacíos del silencio,
se queda conmigo suavizándome el tiempo.
La búsqueda habita en el sueño, donde me
                                                    [habito
soñándote. Donde el dolor no duele.
(Bajo a verte y te veo aunque no te vea,
la dolencia se adormece, la brisa me besa: te
                                                    [presiento)

Me doy la pena de lo incumplido

Se está yendo el dolor de la tristeza, a lo más
                                                    [adentro,
adonde todo es silencio, roe en las carnes del
                                                    [alma,
en los huesos,
certidumbre de que te has ido

Nunca son vanas las ilusiones,
vanos los olvidos

El propósito proporciona las derrotas

Me estoy yendo al infierno, te hablo de
la soledad más desnuda,
de la que no tiene regreso

Mi lucha no es humana

Me magnetizan tus ojos,
son opiáceos,
tienen el brillo del origen,
la carne del éxtasis,
es la hendidura por la que adentrarme
sería perderme,
al fin, encontrándote, encontrarme

Los humanos somos los únicos seres vivos
con el defecto del pensamiento

El peso de la escritura me ha ido debilitando
los huesos, y ya se sabe, los huesos débiles del
cuerpo debilitan los huesos y las carnes de los
ánimos. Peso plomizo de la escritura a la que no
he sabido fortalecerle las alas, encumbrarla con
literatura. Más bien la he ido entullando con es-
combros de palabras innecesarias o mal utiliza-
das, repetitivas, y muchas otras que he hecho

prisioneras, creando círculos cada vez más cerrados, sin salidas al aire, y que me perdonen las palabras, la destinataria de las palabras, tú, la vida, néctar de las emociones, de los rumores, de los silencios y los latidos. Me he ido creando mis propios enemigos, las lejanías, las perezas, los miedos, las asunciones de las derrotas, no de las conquistas. Pero mi bagaje me pertenece, te pertenece, vida. Noblemente –si es que existe la nobleza–, siempre he escrito para ti, búsqueda de la utopía, y para mí, para saberme cada vez más desconociéndome, frágil pero espesa niebla de la memoria que me va cegando los ojos de los sentidos, pero nunca, nunca, los latidos de los sentimientos. ¿Estamos destinados al origen, al lenguaje de los signos y los gruñidos, donde en su simplicidad primaria me pierdo? ¡Ah, belleza de la voz, música extraída de las sensaciones más íntimas, más libertarias, nunca te vayas! A rastras, arrastrando mis pesos, adolorido, renqueando, te seguiré escribiendo, búsqueda, desde lo más adentro, fuera de mí, asumiéndome, despojándome. Tristeza ante la visión de los cada vez más numerosos rebaños de masas, fanáticos sumisos, servidores del crimen, asesinos de lo único bello que nos sido dado, la vida, que por eso vida: libre. Pero júbilo, ¡ah, júbilo, fe ciega en la joven, incansable luchadora, eterna primavera! Amándote, amándome porque amándote, escribiendote porque búsqueda, ¡ah, búsqueda inacabable!

Poner una fecha es situarla en un infinitésimo
punto del plano de la infinidad del tiempo.
Temporalmente, lo más lejano apenas fue ayer

Una pregunta exiliada navega
por las profundidades del universo

27-06-2024
Quintín Alonso Méndez

ÍNDICE